AF563416

LO QUE ME CONTASTE CUANDO TE HABÍAS IDO

UN VIAJE DE DUELO, AMOR Y RENACIMIENTO

LAURA PRIETO

Título: Lo que me contaste cuando te habías ido
Subtítulo: Un viaje de duelo, amor y renacimiento
Autor: Laura Prieto

Primera edición en España, septiembre de 2025

Impreso en España
ISBN PAPEL: 9791399020878
ISBN EBOOK: 9791399020885
DL: B 13823-2025

El Grano de Mostaza Ediciones, S.L.
Carrer de Balmes 394, principal primera
08022 Barcelona, Spain
www.elgranodemostaza.com

LO QUE ME CONTASTE CUANDO TE HABÍAS IDO

UN VIAJE DE DUELO, AMOR Y RENACIMIENTO

LAURA PRIETO

Dedicatoria

Para Nora, mi pequeña estrella, la luz que sigue iluminando mi vida. Te llevo conmigo en cada paso que doy, en cada suspiro, en cada latido de mi corazón.

Mamá

De papá para ti:
Mi niña,

en mis manos una luz, en mis manos el Amor,
desnudo, puro, piel con piel, mirándome;
así, así llegaste a mi vida, así, mi niña, llegaste a mí.
La Creación en mí, en mí tu Vida, en mí la Plenitud,
el Cielo en mí; mi talismán, mi faro en la oscuridad;
tanto te había esperado, tanto te había anhelado
y por fin habías llegado.
Un camino se abrió que todo eclipsó;
un Amor incondicional que todo condicionó; el sentido de mi vida,
el porqué y el para qué juntos; el motivo y el efecto, la causa y su razón.
Entre brazos, lazos y abrazos; entre juegos y coronas de princesa,
de cuentos, de silencios, caminamos juntos en el tiempo y,
entre risas y besos te amé, te amé tanto.
¡Cada día... un te quiero, papi..., un te amo, mi amor!
Tiempo efímero...
Un para siempre despierta en mi boca amarga;
un siempre a mi lado con sabor a metal; un siempre conmigo;
un siempre en mi corazón se descuelga, en mi voz, un hilo, un hilo sin voz.
Una y mil veces arrastraría el tiempo; sí, ahora sí, aquí sí, ¡¿por qué?!
Pues el tiempo se paró; se perforó el tiempo,
estalló en mil pedazos en un vacío infinito,
como así mi corazón; y... mi amor.
En un abrazo eterno te acompañaré Siempre;
en cada gesto, en cada aliento, en cada beso, en tu recuerdo,

en mi día, día de días y noches..., en mi piel,
¡en mi vida..., hasta volver!
Siempre hasta volver, volver sin tiempo, allí estaré;
en mi último suspiro, en mi último caminar, en el último andar,
espérame..., te encontraré para un nuevo comenzar,
un nuevo continuar... eterno.

Papi

Agradecimientos

Es posible que no me alcancen las palabras para agradecer lo suficiente a todas las personas que, de una forma u otra, han estado presentes en mis días más oscuros.

A ti, Raúl, que eres raíz y alas, sustento y tempestad. Gracias por ser, en medio de mis tormentas y mis dudas, por tus palabras, que las disuelven, y por el amor que sostienes como un faro en la niebla. En ti he encontrado hogar, refugio y la libertad de ser yo misma. Juntos escribimos las páginas de nuestra historia, cada una marcada por la fuerza de nuestro amor y el deseo de un *siempre* que no se apaga.

A aquellos que, con el alma generosa y el corazón abierto, han caminado a mi lado en esta senda de despedidas y recuerdos, gracias por escuchar sin juzgar y por ofrecer vuestra fuerza cuando la mía flaqueaba, por abrazar mi tristeza y hacer un espacio para mi dolor, por las manos extendidas en momentos de necesidad, por los silencios compartidos que han hablado más que cualquier palabra, por cada gesto.

Este agradecimiento es un tributo a la belleza de la amistad, la familia, la empatía y el amor que trasciende incluso los momentos más difíciles.

Que sigamos compartiendo la vida, los recuerdos y el abrazo eterno de aquellos que hemos perdido.

Índice

Prefacio

El 17 de febrero de 2023 nuestra hija Nora, con cuatro años, nos dejó. Este libro lo comencé a escribir un año después para contar cómo ha sido este recorrido, una travesía entre la oscuridad y la luz, un largo viaje entre el sobrevivir y el revivir.

Fui alentada por la psicóloga que nos acompañó durante todo este camino para escribirlo. Todo lo que habíamos vivido no se podía quedar sepultado en los pasillos polvorientos de la memoria. Algunas historias necesitan ser contadas, no solo para sanar a quien las narra, sino también para abrazar a quien las recibe.

No sabía ni cómo comenzar a escribir. Me formé en la Escuela de Escritura Creativa, en Alicante, y emprendí el camino. En la escritura descubrí una nueva forma de meditación. Escribir ha sido una larga introspección, un viaje a las cavernas más oscuras de la conciencia, un cara a cara con mi propio dolor, una nueva forma de comunicarme sin tener que usar la voz. Aún hoy se me quiebra cuando pronuncio su nombre.

Este libro no es solo un testimonio de mi dolor, sino una celebración de ese amor que vive y respira a través de cualquier barrera, de la conexión que trasciende, el tiempo y el espacio, y de la incansable lucha por renacer después de la tragedia, aferrándome a esos mensajes de Nora que me hablaban de esperanza y renacimiento.

En este camino he descubierto pequeñas verdades que justifican mi paso por este mundo y el propósito que nos une más allá de lo visible.

Esta etapa de mi vida está contada desde el corazón, con amor; desde el amor, para el amor. La verdad desnuda de una madre que aprendió a vivir con la ausencia más dolorosa de todas.

Esta es mi historia, nuestra historia, y la comparto como una mano extendida a quienes puedan estar transitando por un camino similar, un abrazo para quienes han sentido el vacío de una pérdida y una invitación a mirar más allá de lo visible. Con la esperanza de que, de alguna manera, entre estas letras encuentres esa chispa que ilumine lo que necesites iluminar y esa otra que te ayude a entender lo que necesites entender.

Nada ocurre por azar. Si este libro ha llegado a ti es porque en algún rincón de tu alma, quizás, lo estabas esperando.

Cierro los ojos y recuerdo...

1. La pérdida

15 de febrero de 2023

Hace varios días que arde en fiebre. Han pasado cinco desde el diagnóstico y, salvo pequeños altibajos, todo sigue igual. Parece que esta maldita gripe ha venido a quedarse con ella para siempre.

Ya está durando más de lo razonable y hemos vuelto a visitar a la pediatra. Tras una exploración exhaustiva, no acaba de tener la certeza de que no haya una complicación escondida.

—Laura, os voy a derivar a urgencias del hospital comarcal para completar la exploración.

Durante el trayecto me acompañó la neblina de la incertidumbre. Raúl y yo trabajamos allí desde hace dos décadas. Nos conocemos todos, desde nuestras manías hasta nuestros silencios. Huelga decir que es un servicio en el que solo unos pocos trabajan con vocación de apóstol, otros cuantos tienen más vocación por no hacer nada que por la medicina. Lo que me genera una mezcla de percepciones positivas y reservas fundamentales.

Le pidieron una batería de pruebas, de esas que parecen diseñadas más para alimentar la ansiedad que para arrojar certezas.

Las horas se arrastraban entre el murmullo apagado de los monitores y el ir y venir casi coreográfico de batas blancas. Cuando llegaron los primeros resultados, lo hicieron con la misma falta de ceremonia con que se anuncian las noticias poco importantes. Una discreta elevación de ciertos marcadores, provocada, quizás, por una infección bacteriana, dijo, sin demasiada convicción. Nada, sin embargo, que explicara el nuevo síntoma que había aparecido la tarde anterior: un dolor en la pierna, tan inesperado como inquietante.

Y entonces comenzó la espera más larga de todas: la de los resultados definitivos. Cada minuto se alargaba como si el reloj mismo quisiera hacerme perder la razón. Cuando por fin se corrió la cortina, no fue la esperanza la que entró, sino una mujer desconocida con aire de tedio profesional, que solo verla perturbó la quietud de mi paciencia.

—¿Dónde está la otra doctora que nos atendió? —pregunté, sintiendo que algo se desordenaba dentro de mí.

—Se ha tenido que ir —nos contestó—. A ver..., la radiografía ha salido bien y los análisis de sangre también —añadió como quien intenta cerrar una conversación incómoda antes de tiempo.

La miré como si hubiera oído el mayor de los sacrilegios.

—¿Cómo que bien? Si antes nos dijeron que algunos marcadores sugerían una infección bacteriana.

—¡Bueno, sí! —respondió ella con aspereza—. Es muy poco. También pueden alterarse por una gripe. Así que no le vamos a dar ningún antibiótico.

Nuestros ojos se encontraron y le lancé una de esas miradas que trizan cristales.

—No le vamos a dar ningún antibiótico, ¿vale? —sentenció devolviéndome la mirada.

Su forma de contestarme me produjo la misma sensación que un clavo arañando una pizarra. Respiré hondo para calmar a la fiera del instinto maternal, que comenzaba a soltarse y amenazaba con destrozar toda esperanza de armonía.

Seguí escuchándola. No porque confiara en ella, sino porque me aferraba a la idea de que, quizá, en algún rincón de su discurso encontraría algo que me devolviera la calma.

—Pasado mañana la volverá a visitar su pediatra —nos contestó.

Nos fuimos a casa con la sombra de la desconfianza pegada a la piel, como esas lluvias finas que empapan sin que uno se dé cuenta. La frase «no le vamos a dar ningún antibiótico» resonaba en mi mente, insidiosa, como una puerta entreabierta que dejaba pasar algo que no era miedo, tampoco certeza, sino una inquietud difusa que sembraba un presentimiento sin nombre.

Pasamos el resto del día en el sofá; ella dormía, y yo la miraba con atención de buitre, mientras rogaba a los cielos e invocaba a toda la corte celestial para que empezara a ponerse bien.

Parece que mis plegarias fueron atendidas y al final de la tarde la fiebre había desaparecido. Aun así, el dolor de la pierna persistía, como un aviso que no sabía interpretar. Llegó la noche, y con ella la hora de irse a dormir, seguíamos haciendo colecho.

Era un nido tibio donde tu respiración acompasaba la mía. Nunca estuve preparada para llevarte a tu cuarto y tú, en tu infinita sabiduría de niña que ahora se me antoja un presagio, nunca nos lo pediste. Hoy, en el abismo de tu ausencia, me alegro de no haberlo hecho.

Pasé la noche en estado de duermevela; la oía moverse haciendo pequeños quejidos. Estaba incómoda, aunque no se despertaba.

La luz del sol comenzaba a colarse por los pequeños agujeros de la persiana, cuando se despertó. Nos levantamos despacio. Raúl ya se había marchado a trabajar, y yo ese día no tenía que ir.

Seguía sin tener fiebre y parecía estar un poco más animada. Me pidió que la bañara, jugamos un poco en el agua, salimos y volvimos al sofá. Más tarde desayunamos un poquito, muy poco, las dos teníamos el apetito arruinado. Entre cuentos y poco más, pasó la mañana.

Por la tarde intentamos dormir, pero fue inútil. Se despertaba una y otra vez, sobresaltada, inquieta, molesta. Yo le acariciaba el cabello, susurrándole que todo estaba bien, que mamá estaba ahí. Pero en mi pecho algo palpitaba con un ritmo distinto. Raúl me llamó desde el trabajo para preguntar cómo estaba. Me contó que un compañero nuestro, pediatra, había revisado las pruebas del día anterior. Nada alarmante, según él. Y como no tenía fiebre, no consideraba necesaria una nueva visita al hospital ese día.

La noche volvió a caer, alargamos la hora de los cuentos hasta que, por fin, se rindió al sueño. Me quedé a su lado con un pellizco en el estómago, la impotencia ardiéndome en el pecho y sin saber cómo liberarla de ese dolor maldito. Solo me quedaba esperar, anhelando que el amanecer trajera consigo un alivio que yo no podía darle.

Mientras la contemplaba, un brillo fugaz me sorprendió desde un costado, como un reflejo del sol en el agua. Me giré lentamente y entonces las vi. A los pies de su cama, suspendidas en el aire, danzaban dos esferas azuladas, semitransparentes, del tamaño de una naranja. Se movían al unísono, de derecha a izquierda, como si coreografiaran una ceremonia secreta. Permanecieron allí durante varios minutos. Aunque era la primera vez que las veía, no me sorprendieron; lo que sí me extrañó fue que estuvieran ahí.

En el mundo espiritual esas formas son conocidas como *orbes*. Energías sutiles que se manifiestan en momentos de tránsito, de sanación, de despedida o protección. No es común verlas con los ojos físicos; suelen revelarse en fotografías o vídeos. Una tímida insinuación del otro lado.

Y digo que no me sorprendí al verlas, porque desde la infancia, he podido descorrer los velos y ver lo invisible. He tenido múltiples experiencias de todo tipo, puede que a lo largo de este libro anote alguna sencilla y más adelante, cuando las aguas se calmen, me siente a escribir ese otro que ya me ronda: el de las historias más intensas, luminosas y oscuras de este viaje mío con los velos corridos y el alma despierta.

Durante mucho tiempo esta capacidad solo asomaba de manera tímida. Tenía treinta y ocho años, cuando conocí a mi actual marido, se unieron nuestras energías y ese don brotó con la fuerza de una estrella naciente. Se me agudizaron los sentidos para ver lo no visible y adivinar lo oculto, y esos guías espirituales que se dice que nos acompañan durante toda nuestra vida terrenal comenzaron a compartir su sabiduría conmigo.

Volvamos a la historia...

Al rato de dormirse, se despertó. Estaba muy inquieta, iba y venía de su cama a la nuestra. Teníamos una luz pequeñita encendida y la cambié por una más clara para poder verla mejor. Me quedé atónita al descubrir su preciosa carita cubierta de puntitos rojos y la punta de la nariz azulada. Mi inquietud se transformó en pánico. Raúl me miró.

—¿Qué le pasa? —preguntó.

Yo solo alcanzaba a decir: «¡Ay, madre! ¡Ay, madre!». De nuevo, las esferas volvieron a aparecer, justo encima de ella.

—¡Sepsis! —me contestó lo no visible. Esto removió en mi alma funestos presagios.

—¡No lo sé! —le contesté con un hilo de voz, porque se me había cerrado la garganta. Quería ignorar esa respuesta y aferrarme a la esperanza de que todo fuera una mera alucinación. Nos vestimos a toda prisa, la envolvimos en su mantita y salimos empujados por un viento invisible que no admitía demora.

—¿Por qué me lleváis en pijama? ¡Yo quiero un vestido! —protestó en tono de princesa ofendida.

—Ahora no puede ser, mi amor, más tarde podrás ponértelo.

Raúl se sentó detrás con ella. Conduje rápido, muy rápido, con las manos temblorosas por aquella carretera cubierta de una niebla densa, espesa como un secreto, rumbo a Girona.

—¿Cuándo llegamos al hospital? —preguntó Nora.

—Ya casi estamos, cariño —le dijo Raúl.

La siguiente vez que intentó hablar, las palabras empezaron a traicionarle.

Por fin llegamos; nos atendieron al momento. En medio de un suspiro, me dije: «¡Ya estamos aquí!». Y respiré hondo, empapándome de un soplo de esperanza, aunque tenía la intuición de que una sombra terrible nos acechaba.

De primeras nos atendió un enfermero, se movía con la precisión de una danza bien ensayada, hizo una valoración rápida y con una mano más rápida aún, dio un manotazo a un pulsador rojo. Debe haber llamado a todo el personal del hospital. *Cuatro, cinco, seis..., ya no sé cuánta gente hay en torno a ti, ya no tengo capacidad de contar; solo miro un monitor con cifras que se mueven sin parar, que suben y bajan, y un sonido agudo que no cesa.*

Raúl y yo nos apartamos y observamos desde la distancia.

Órdenes, palabras rápidas, frases de urgencia, susurros y miradas de reojo hacia nosotros, que estábamos al final de la sala, de pie, en silencio, con la sombra del horror en la cara, mientras te inyectaban drogas y te soplaban oxígeno. «¡Todo irá bien!», me repetía sin voz, mientras invocaba a los dioses conocidos y por conocer, a los espíritus benéficos y a las fuerzas más formidables de la vida para que vinieran a socorrerte.

El pitido de la máquina cesa, Nora recupera la consciencia y se baja un punto la tensión inicial entre el personal. Pide a gritos que la dejen, que le hacen daño.

Nos dejan acercarnos. Le doy un beso, pero no digo nada. Las palabras se me han quedado congeladas en la garganta, y ahora flotan perdidas en el quieto espacio donde habitan las palabras no dichas.

Nos comunican que tiene una sepsis y que está grave. Van a hacerle más pruebas. Llegan unos resultados desde laboratorio, la sepsis es por estreptococo. Nos piden que firmemos un consentimiento para una transfusión de sangre.

Ese maldito bicho te está envenenando deprisa.

Me invade una sensación de pánico, estoy sumida en un manglar de emociones, colapsada.

Ese pitido otra vez, voces alteradas y ruedas rápidas de camilla.

—La llevamos a la UCI para intubarla —nos comunican.

La rueda del destino comenzaba a virar rápido hacia una trágica dirección.

Nora levanta la cabeza al atravesar la puerta de cristal que separa las dos estancias.

—Papá y mamá ahora van, amor mío —le dice Raúl.

Nos mira con ojos asustados, en un gesto que parecía decir «venid conmigo», o tal vez «adiós», no lo sé; lo que sí sé es que esa fue la última vez que te vimos despierta.

Nos llevaron a una sala de espera, el sol ya entraba por las minúsculas ventanas. No había nadie más. Nos quedamos mudos, cogidos de la mano, a la espera de que alguien nos dijera algo. No sé cuánto tiempo podría haber pasado cuando tras la puerta apareció una de las doctoras. Al ver sus ojos llorosos, supe que no traía buenas noticias.

Nora había tenido una parada cardiorrespiratoria. La noticia me sacudió como un mazo a un gong: se me cortó el aire en los pulmones y me convertí en una estatua de mármol, inmóvil e inerte, incapaz de reaccionar. Cuando la sangre consiguió volver a ponerse en marcha, me llevé la mano a la boca para reprimir un grito, mientras miraba esos ojos que, sin palabras, lo decían todo. Busqué los de Raúl, una sombra de pánico atravesó su mirada y le oí decir:

—¿¡Pero qué está diciendo esta!?

Su pregunta desesperada me saca de mi letargo y le acompaño en su queja:

—No, no, no, no puede ser, Nora, cariño, aguanta, ¡tú no! —lo digo alto, un grito desesperado, quiero que mi voz llegue hasta ella, quiero que sepa que no la hemos dejado sola, que estamos al otro lado de la puerta, que no puede irse, que la necesitamos.

—¡Lucha, mi vida, lucha! ¡No te rindas! ¡No puedes dejarnos ahora! —le grito, mientras negocio con el mismísimo Dios para que no se la lleve todavía.

—Hemos tenido muy poco tiempo..., por favor, no te la lleves aún. Respira, Nora, tienes que respirar...

La posibilidad de que se vaya me produce retortijones de miedo. Pido, suplico ocupar su lugar, pero no existen trucos de ilusionista para estos trueques.

Con una mano cálida en el hombro nos llevan a un pequeño despacho, austero, frío y desprovisto de toda compasión. No había cuadros en las paredes ni el consuelo de una ventana abierta; solo el murmullo distante de voces cansadas, pasos apresurados y el zumbido de una máquina que, en alguna parte, dictaba sentencia.

Sin apenas mirarnos, Raúl me pregunta:

—Se va a salvar, ¿verdad?

No digo nada y miro al suelo.

Unos instantes antes, sentí que por un momento el aire se había detenido. El tiempo se congeló como en una fotografía y en mi pecho noté un tirón; parecía que ese cordón invisible que hasta entonces me mantenía unida a ella se hubiera roto. En ese momento supe, con esa certeza que se posa en los huesos, que Nora se había ido, que ya no la volveríamos a ver.

Deseo con vehemencia irracional haberme equivocado,
que no sea verdad, que no te hayas ido. Le pido al cielo
con desesperación que todo sea un error.

Mis piernas no dejan de moverse, mi corazón parece el galope de un caballo enloquecido, el latido me martillea las sienes. Me embriaga esa sensación punzante de estar a punto de cruzar un umbral invisible, uno del que no se vuelve igual.

Ha pasado algo más de tiempo, bajo la rendija de la puerta del despacho se ve la sombra de unos pies moviéndose y deteniéndose por segundos interminables.

Aparece un hombre alto, de bata impoluta, con semblante serio pero amigable. Se presenta, es el jefe del servicio de la UCI pediátrica. Con toda la suavidad posible nos dice:

—Como ya sabéis, Nora ha tenido una parada cardiorrespiratoria y llevan cuarenta minutos de reanimación. Si en unos diez más no se consigue ningún resultado, vamos a parar.

—¿Cómo que parar? ¡No podéis parar! —dice Raúl.

—Ya llevamos mucho tiempo y no creo que haya cambios. Lo siento.

Palabras precisas, pronunciadas con la calculada neutralidad de quien ha repetido esa frase demasiadas veces. Y, sin embargo, yo quería aferrarme a la esperanza como quien se agarra a una cuerda deshilachada sobre un precipicio.

Raúl y yo nos miramos perdidos en una pausa densa, como si el tiempo hubiera decidido detenerse justo al borde del abismo. Un silencio glacial se impuso, pesado, irrompible, no había nada que añadir, ninguna palabra que pudiera suavizar el filo cortante de la realidad. Volvimos a quedarnos solos, cada uno libraba su propia batalla con la angustia, e intentaba sostenerse en una realidad que se nos escurría entre los dedos. El miedo se instaló a nuestro lado, como un espectro que nos envolvía con su aliento helado. Me estremezco. Afuera de esta sala, en alguna parte, Nora se desliza hacia la eternidad, y yo no puedo hacer nada más que esperar. Esperar a que nos digan que todo ha terminado. Esperar a que el silencio se instale donde antes latía una vida. Esperar a que el dolor nos alcance con toda su furia. Esperar a que el mundo se derrumbe sobre nosotros.

Esos orbes no venían a protegerla, como yo en un principio pensaba, habían venido para acompañarla en ese viaje hacia el otro lado.

Quién sabe cuántos minutos eternos transcurrieron ni cuántos latidos sordos marcaron el tiempo suspendido en esa sala de espera sin alma, cuando otra vez apareció la sombra bajo la puerta. Esta vez no era solo una silueta solitaria, había alguien más allí, dos figuras inmóviles al otro lado, quizá ensayando las palabras que estaban a punto de pronunciar. Imaginé su vacilación, el instante en que se miraban en busca de fuerzas, la profunda respiración antes de abrir la puerta y entrar con la sentencia escrita en los rostros.

La puerta se abrió, Raúl y yo nos cogimos de las manos y, por un instante absurdo, nos aferramos a la posibilidad de que el mundo no se hubiera desplomado todavía.

Era el mismo hombre, con su bata blanca y su expresión ensayada, esa mezcla de profesionalismo y lástima que ya le habíamos visto antes. A su lado, una mujer que no habíamos visto hasta ahora. No era alguien más; ella traía algo consigo, un símbolo de lo definitivo, una certeza que aún no había sido pronunciada.

Al ver sus caras desencajadas, sentí un puñetazo en el estómago. Se detuvieron frente a nosotros, midiendo sus gestos, buscando las palabras precisas. No hicieron falta muchas; bastaba con mirarlos para confirmar el fatal desenlace.

—¡Lo sentimos mucho, no hemos podido hacer más!

—¡Lo siento! —dijo ella—. Soy la psicóloga.

Ni siquiera oigo su nombre, en ese momento tampoco me interesa. Quiero salir de allí, quiero coger a mi niña e irme donde el largo brazo del horror no pueda alcanzarme.

Nos acompañan hasta la habitación donde está ella. Antes de abrir la puerta, nos advierten de que su aspecto está bastante cambiado.

Abrimos esa puerta, pálidos de terror. Ahí estaba, parecía dormida. Algo me explotó en el pecho y me invadió un sabor agrio. Me tapé la boca con las manos y, entre sollozos y con suma estupidez, me escuché decir: «Creo que voy a vomitar».

Los gritos de Raúl resonaron por toda la sala. Sí que estaba cambiada, tenía los ojitos muy hinchados por todas las drogas que le habían tenido que poner y un sinfín de manchitas rojas la cubrían por completo. Aun así, me pareció el ángel más bonito bajo las estrellas. Me quedé junto a su silencio, con una mezcla de desconcierto y derrota. Apoyé mi cabeza en su pecho, busqué algún imperceptible latido en su corazón, pero no lo encontré. Me senté a su lado en una silla, entrelacé mis dedos con su manita helada y la apoyé en mi cara.

Por unos instantes imagino que estás dormida. Ahora eres como Aurora, la bella durmiente del cuento, solo que a ti no te despertará el beso de un príncipe. Nadie puede despertarte de este sueño infinito.

El dolor me revienta por dentro con fragor de tempestad, no alcanzo a decir nada, solo dejo salir las lágrimas a borbotones, sin freno, en absoluto silencio.

—Pero... ¡¿Qué mierda es esta?! —grita Raúl—. ¡¿Alguien me lo puede decir?!

La respuesta no se hizo esperar.

—¡Esto es la vida! —me volvió a contestar lo invisible.

Lo guardé en mi memoria sin decir nada. Quizás, más adelante, podría llegar a comprenderlo en toda su magnitud.

2. La despedida

Nora, amor mío, yo sabía cómo eras antes de que nacieras. Te vi a la edad de unos dos años, con el pelo rizado, ojos grandes y carácter firme, tal y como has sido en tu corta vida. Llevabas un vestido de cuadritos Vichy rosa. A esas hermosas imágenes las acompañó un terrible mensaje: «Se quedará aquí por poco tiempo». Esa frase se encargó de poblar de sobresaltos mi corta maternidad, pero nunca te vi así. Durante estos casi cinco años he vivido desdeñando esa horrible frase, pero en el fondo siempre supe que, tarde o temprano, nos caería encima el zarpazo de la desgracia y que nada podría hacer para evitarlo. Y aquí estamos, hija mía, tú sin vida en esta camilla y yo muerta en vida, deseando que mi corazón se pare como el tuyo y poder emprender juntas ese viaje hacia otra dimensión, donde el tiempo no existe, el dolor no pesa y la pena no tiene nombre. Aquel mensaje que se anunciaba al principio se ha cumplido. Ya no hay marcha atrás, no puedo retroceder las horas ni cambiar el curso de esta tragedia.

Solo queda la resignación y el deseo imposible de que vuelvas.

—¡Por favor, hija, vuelve, estoy esperándote, vuelve!

Esperaba que sucediera un prodigio, que te despertaras con un largo bostezo y preguntaras: «¿Qué ha pasado?». No existen milagros que puedan devolverte a la vida.

Entonces, escuché:

—¡Ya no puedo volver, mamá!

No fue producto de mi imaginación, ni un sueño. ¡Eras tú! ¡Era tu voz! Clara y viva, esa voz que reconocería, aunque se apagara el mundo. Eso significaba que habías cruzado al otro lado del velo, sí, pero no estabas lejos.

—¡Lo sé, amor mío, lo sé! —susurré con los ojos llenos de lágrimas.

Empezó a llegar la familia, sus rostros eran un reflejo de incredulidad, de desconcierto. Las lágrimas brotaban sin control o estallaban en medio de sollozos desesperados. Las mil y una preguntas para las que nadie parecía tener respuesta comenzaron a llenar la sala, y los silencios que las acompañaban eran aún más elocuentes que cualquier palabra dicha.

Apareció una enfermera, un ser dulce y cálido. Traía una caja pequeña de color beige; de ella sacó las letras de Nora hechas en *patchwork,* que colgaron a modo de guirnalda en la puerta, una mantita con la que la arroparon, un frasquito para sus pendientes, otro para guardar un mechón de pelo que yo le corté y un saquito de semillas de flores. Nos pusieron a las dos una pulsera de cordón agua marina con una pequeña estrella dorada que colgaba. A su lado colocaron un osito marrón que la acompañaría hasta el final de ese viaje. Un breve rito de adiós.

No sé cuánto tiempo pudo haber pasado cuando, con sumo cuidado, casi en un susurro, nos anunciaron que había que salir. Ya está, ahora sí que había llegado la hora del adiós. Les pedí que me dejaran cinco minutos a solas, me acerqué a ella, le di un último beso en la frente, cargado con el peso de mis plegarias, la furia de mi impotencia y el amor que ya no tendría donde posarse. Te coloqué el flequillo; días antes me habías pedido que te lo cortara porque querías parecerte a Miércoles Adams, te encantaba disfrazarte.

> *Te pedí que me perdonaras por todo aquello que pudiera no haber hecho del todo bien. Te llamé por todos los sobrenombres que te he ido poniendo en tu corta vida y te dije mil veces «te quiero».*

La abracé fuerte, tan fuerte como pude, para que no pudieran despegarme de ella, para convertirnos en una sola y quedarme allí para siempre. Lo único que me quedaba a su lado eran esos minutos, otorgados como un bonus extra, y ya se habían acabado. Tenía que salir. Al soltar esa manita, el dolor me penetra como una espada hasta los huesos.

Camino despacio hacia la salida, miro atrás para verla por última vez mientras un río de lágrimas cae por mi cara. Llevaré este momento marcado como un latigazo para siempre.

La puerta se cierra con un leve chasquido a mi espalda, y con ese sonido seco se sella un capítulo que no quería terminar.

Dejarla allí sola e irme fue desgarrador. Sentí en lo más profundo de mi ser un dolor que me partió en dos y rompió mi alma en mil pedazos. Allí abandonaba una parte de mí misma que nunca podría recuperar. El suelo se desintegró bajo mis pies y sentí que caía, sin amarras, sin consuelo, arrastrada por la fuerza implacable de la pena hacia el más oscuro de los abismos.

El dolor y la tristeza me destruyen mientras me alejo, y el peso de la realidad me aplasta el corazón como una rueda de molino.

El *shock* me envolvió como una manta helada. Me dejé caer en una de las frías sillas de la recepción, sin sentir el peso de mi propio cuerpo, abrazada a una caja con sus cosas, aturdida, perdida, desorientada, sin llorar, sin hablar, sin saber cómo existir sin ella, rodeada de gente y sintiéndome más sola que nunca. Todo a mi alrededor se movía con la absurda normalidad de quienes aún tienen algo que esperar. Una enfermera pasó frente a mí con la vista sobre unos papeles, un hombre discutía en voz baja con la recepcionista y, más allá, una anciana miraba al suelo con la misma expresión perdida que debía tener yo. Raúl se sentó a mi lado, pero ninguno de los dos habló. No había palabras que pudieran sostenernos en ese momento. Su brazo se deslizó sobre mis hombros en un gesto automático y me dejé caer contra él. Me quedé así, con la frente apoyada en su cuello, sintiendo el latido acelerado de su corazón. No sabíamos qué hacer. Afuera nos esperaba una noche interminable, un hogar vacío y una vida que ahora era un territorio desconocido. ¿Cómo se supone que se sigue después de esto?

Yo solo quiero volver a esa habitación, aferrarme a ella, decirle que todo ha sido un error, que aún nos queda tiempo y no dejarla ir jamás.

Imágenes y recuerdos giran a mi alrededor a gran velocidad, como si el mundo estuviera fuera de control. Los rostros de los familiares comenzaron a esfumarse, las voces de los que estaban cerca se convirtieron en murmullos, me disuelvo en el silencio. Mi cuerpo estaba allí, en aquella estancia fría, llena de olores ásperos, pero mi alma parecía que se hubiera soltado y flotara entre dos mundos, perdida en el aire pesado de las despedidas.

De algún modo que no consigo recordar, llegamos a casa. En circunstancias así, el pensamiento se vuelve un animal herido: no razona, no calcula, apenas respira. Yo abrí la puerta con la esperanza irracional de hallarla allí, en el salón, desparramada entre sus juguetes, como si el universo entero no se hubiera desmoronado unas horas antes. Imaginé su vocecita cantarina gritando «¡Mami!», así como lo hacía cuando pasaba unas horas sin verme.

Pero la casa nos recibió con un silencio tan absoluto que dolía en los huesos. No era ausencia: era un eco frío, una amputación. El llanto —nuestro llanto— lo desgarró como un cristal astillado que estalla contra el suelo. Me dejé caer en el sofá como una muñeca sin hilos, el cuerpo endurecido por el espanto y la mirada extraviada en algún punto más allá del tiempo.

De los mil y un trámites burocráticos que se desataron se encargaron nuestros familiares, cosa que agradecimos. Nosotros no éramos personas en esos días. Y lo último que podíamos enfrentar eran llamadas y papeleos. Sin embargo, hubo una tarea que no pudimos delegar porque solo nos correspondía a nosotros: elegir la urna que guardaría sus cenizas. Un acto brutal en su simpleza, devastador en su concreción.

Horas más tarde, estábamos sentados en una funeraria de paredes impersonales, rodeados de catálogos que prometían consuelo en forma de urnas y flores con precios desorbitados, donde todo hablaba más del gran negocio de la muerte que de la paz del alma. Hojeábamos aquellas páginas en silencio, buscábamos algo que no fuera vulgar, que tuviera un poco de ella. Elegimos una de cerámica blanca, sencilla y luminosa, con forma de tiovivo, como aquellos a los que tanto le gustaba subirse en las ferias. La elegimos sin palabras. Solo nos miramos, y en ese cruce de miradas dolidas, asentimos.

Esa misma tarde, como si el dolor tuviera la capacidad de convocar cuerpos sin necesidad de palabras, la casa comenzó a llenarse. Sus maestras aparecieron primero, con los rostros desencajados, los ojos desbordados por un llanto que no encontraba consuelo ni lógica. Detrás vinieron algunas madres de sus amiguitas y los familiares.

El aire lo llena el ruido de un móvil que suena sin cesar. El llanto —distinto en cada voz, pero igual de desgarrado— se enredaba con frases a medias, con silencios cargados de impotencia, con bocas que no sabían qué decir. Había miedo en las miradas. Miedo a ese tipo de tragedia que no se puede explicar, que rompe el orden natural del universo y deja a los vivos flotando en un limbo de preguntas sin respuesta.

Y nosotros allí, sentados en el sofá, en medio de todos y de nada al mismo tiempo, suspendidos entre las voces y el silencio. ¿Qué podíamos decir que no estuviera ya dicho en la curva de nuestros hombros vencidos, en los dedos crispados sobre el regazo, en la garganta sellada por el nudo del llanto? Sin pedirlo, somos los protagonistas de un melodrama del que nunca hubiéramos querido formar parte.

Siento un dolor vasto como el océano; no dejo de preguntarme cómo pudo cambiar todo tan súbita y totalmente. Es extraño cómo el tiempo se pliega sobre sí mismo en días como este, cuando todo se desmorona y se mezcla con lo que jamás será.

Me quedé más allá de la palabra, exiliada del lenguaje, como si la lengua hubiera perdido su sentido en el territorio del dolor. Aunque mi cuerpo seguía allí, varado en ese salón repleto de murmullos, estaba a kilómetros de distancia, perdida en un mar denso de pensamientos que se enredaban como algas. Me aferré a su pijama —aquel con dibujitos de estrellas que tantas veces le quité entre risas para meterla en la bañera— como quien se aferra a una tabla salvavidas. Apoyé la cabeza en el regazo de Raúl, y allí, envuelta en su calor tembloroso, me dejé caer en un sueño a medias, ese tipo de duermevela donde no hay paz, pero sí una tregua. Pasé buena parte de la tarde así. Creo que esa es la forma que encontró mi mente para protegerse y no traspasar ese fino velo entre la cordura y la locura.

Al final de ese inmenso día, la noche también cayó. Nos arrastramos hasta la cama, ya sin apenas fuerzas para seguir llorando. El silencio de la habitación parece más ensordecedor que nunca. Y allí, uno al lado del otro, abrazándonos con fuerza, mirando esa cama vacía que aún contenía su huella y compartiendo un dolor que es demasiado grande para ponerle nombre, le sugiero que vayamos los dos juntos a buscarla esa misma noche.

La luz del día comienza a vislumbrarse, la medicación de la noche anterior me ha dejado aturdida y desorientada. Me incorporé con torpeza, aún envuelta en esa bruma pesada, y al volver la mirada hacia su cama, sentí el golpe. No un pensamiento, no una emoción. Un golpe. Crudo. Feroz. La certeza brutal de que ella ya no estaba a nuestro lado.

Fue como despertar dentro de un mal sueño y descubrir que no hay escape. Que la pesadilla es real y ha venido para quedarse.

La mañana pasó con el mismo llanto y la misma desesperación del día anterior. El aire pesaba como el plomo. Afuera la ciudad seguía con su vida indiferente, pero aquí, en este rincón del mundo, todo se había detenido. Pensé en Nora, en su risa, en sus manos inquietas, en su manera de inclinar la cabeza cuando escuchaba con atención. Pensé en su voz llamándome. Y ahora... el vacío. El futuro que nos habíamos imaginado se había desvanecido y no sabíamos qué hacer con todo ese dolor, esa rabia y esa tristeza que sentíamos.

Mi niña, mi niña preciosa, ¿dónde ha quedado la vida que queríamos darte y no pudimos? ¿Dónde están todos los proyectos y planes que teníamos?

La vida se ha encargado de arruinarlos y todo ha quedado reducido a cenizas. Siento una garra aquí, en el pecho, que me rompe hasta el alma con una ferocidad despiadada.

Vago por la casa, ida, de un lado a otro, como un alma errante atrapada entre dos mundos. Mis pasos no hacen ruido y mis ojos se mueven desesperados, buscando de forma instintiva algo que ya no está allí.

Y entonces llegó el siguiente paso, cruel en su lógica, inevitable como una sentencia: escoger el vestido. Ese mismo vestido que, apenas unas horas antes, le había prometido que se pondría. Ahora esa elección, que antes parecía tan sencilla, cobraba un significado que jamás imaginé. Un acto tan cargado de dolor que sentí que mi pecho se rompía solo de pensarlo. ¿Cómo puede ser esto real? ¿Cómo puedo estar eligiendo un vestido para cubrir su cuerpo?

Decidimos que sería tu vestido rosa favorito, el que te querías poner a todas horas. Yo no tuve fuerzas ni valor para abrir el armario y cogerlo. Mi hermana, con una calma que escondía su propio dolor, fue quien lo sacó y se encargó de llevarlo a la funeraria, mientras yo me quedaba inmóvil, prisionera del pánico, incapaz de procesar que ese vestido, que debía acompañarte en la vida, sería ahora tu atuendo en la despedida.

—Ya es la hora, nos tenemos que ir, acaban de llamar para decir que ya está todo preparado —nos susurran con cautela.

Todo preparado, decían, pero ¿cómo podía estarlo? ¿Cómo se prepara uno para enterrar a su hija? Me quedé con los pies clavados en el suelo, como si fueran raíces viejas, retorcidas, que no podían arrancarse de la tierra. «Es la hora». ¿Cómo podía ser tan simple, tan definitivo? Sentí un peso insoportable en el pecho.

—No quiero ir —murmuré—, quiero quedarme entre estas paredes donde aún puedo sentirla y recordarla. No puedo ir —repetí, como si estas fueran las únicas palabras que pudiera pronunciar, las únicas que tenían sentido en medio de esta pesadilla. No lo voy a soportar, no estoy lista para el adiós.

En el camino hasta el tanatorio, sentí por dentro todo el silencio del mundo. Un silencio que no era ausencia de ruido sino un grito detenido, sostenido en el pecho como una bomba sin estallar. Las manos me temblaban y una súplica sin voz se repetía dentro de mí con la insistencia de un rezo desesperado:

—¡Esto no es real! ¡Pronto voy a despertar! ¡Despierta, por favor, despierta!

Pero el coche avanzaba sin piedad, no había escapatoria posible, el destino ya estaba trazado con tinta oscura.

Al entrar, Raúl me tomó la mano. Respiré hondo. Avanzamos porque no había otra opción. Di un paso, luego otro, y otro, cada uno más pesado que el anterior, hasta que llegamos a la sala.

Al ver el pequeño ataúd blanco, inmaculado, atroz en su belleza siniestra, una oleada de furia me recorrió el cuerpo como un corrientazo. Me abrasó por dentro. Incredulidad. Desesperación. Las piernas me fallaron y entonces se oyó un grito desgarrado, como un lamento de animal herido que rompió el silencio. Era yo, rompiéndome en mil fragmentos.

Raúl apenas podía sostenerse en pie, rendido, vencido por algo que ninguno de los dos sabía cómo nombrar. Lo veo tambalearse junto a mí, como si su cuerpo no pudiera sostener tanto dolor concentrado.

—¡Mi niña..., mi amor, no..., no puede ser! —balbucea entre hipos, con la voz desfigurada, hecha trizas.

Es un llanto que no viene de los ojos, sino del alma. Un llanto gutural, incontenible, de esos que uno no olvida jamás porque nace de un dolor más grande que el cuerpo que lo habita. Nos abrazamos. Somos dos cuerpos fundidos en la misma desolación. Dos seres que han perdido su centro, su eje, su luz. Dos padres llorando a su hija en un cuarto demasiado blanco, demasiado frío, demasiado cruel.

¿Qué puedo decir de él? Que fue el padre más devoto, el que inventaba para ella canciones con su nombre, el que la hacía reír hasta que se le escapaba el hipo. Que era su héroe y su payaso, su montaña y su refugio.

Familiares, amigos, compañeros de trabajo..., todos desfilaron durante aquella larga tarde. Lloramos abrazados a ellos y en su silencio se notaba que no sabían qué decir para consolarnos. No hace falta decir nada, sobran las palabras. No hay consuelo en ese mar de dolor.

Innumerables ramos y coronas de flores adornaban la sala, en un intento inútil de suavizar lo que no puede ser suavizado. Algunos llevaban dibujos dedicados por sus amiguitos; otros, pequeños peluches abrazados a los lazos, de esos que tú adorabas, mi amor, y que ahora yacían allí, huérfanos de juego, sin propósito.

Al día siguiente, mientras avanzábamos hacia la capilla, justo antes de la incineración, las personas se alineaban a ambos lados, en un silencio denso, con la mirada baja y los rostros anegados de lágrimas. Las vi de reojo y no pude evitar que una rabia salvaje me subiera desde lo más hondo del pecho. Era una furia silenciosa, ardiente, nacida del absurdo de lo que estábamos viviendo, de la brutal ironía de un destino que jamás imaginé.

Pensé que, a esa misma hora, deberíamos estar celebrando la vida, desfilando bajo un cielo limpio, envueltos en colores, música y risas, como dictan las costumbres del carnaval. Pero no, allí estábamos, en el desfile más triste y doloroso de nuestras vidas. Un cortejo mudo, de pasos pesados, en el que cada mirada era un espejo del mismo espanto.

Pasado el funeral, nos llevamos las cenizas de Nora a casa. Abrazada a su pequeña urna como si aún pudiera acunarla, recordé esa frase de Alphonse de Lamartine: «A menudo el sepulcro encierra, sin saberlo, dos corazones en un mismo ataúd». Y en esa urna no iba solo el suyo. Iban también los nuestros, hechos ceniza, hechos ausencia, hechos un amor que ya no sabía dónde poner raíces.

Durante algunos días más estuvimos muy acompañados, y lo agradecimos, aunque la sensación de soledad a pesar de la compañía era inevitable. Después, como es lógico, cada uno vuelve a sus quehaceres, y se quedaron a nuestro lado quienes podían compaginar sus vidas con nuestro duelo y esos abuelos que te mimaron como a la primogénita de un emir y que sufrían por partida doble, por quien ya no estaba aquí y por sus hijos, por los que nada podían hacer para aliviar su pena.

Cada día mi madre nos traía la comida recién hecha, guisos capaces de resucitar a Lázaro, pero con dos bocados ya tenía más que suficiente. Si no hubiera sido por ella, me habría dejado morir de hambre, sin resistencia, sin culpa. ¿Para qué comer y beber? He perdido toda ilusión, lo que le daba sentido a mi vida ya no está, ya no me importa nada. Solo quiero huir, pero no sé a dónde ir, no tengo escapatoria. Siento algo que me ahoga, que me oprime como una camisa de fuerza. Quiero arrancármelo de un tirón, pero no puedo porque no es tangible, no tiene nombre ni forma. Es la nada.

¿Volveré a sentir alguna vez algo más allá de este dolor? ¿Habrá un resquicio, una rendija por donde algún día se cuelen otras emociones, otras luces?

3. Seguir viviendo

Paso las noches aturdida por los somníferos y empiezo los días como todos los días. Lloro sin sollozos, desgarrada por dentro, tengo el cuerpo tenso, contracturado, dolorido. La mayor parte del tiempo vago en las nubes. En las largas horas de silencio se me atropellan los recuerdos, me siento vacía y sin saber qué hacer con toda una vida por delante. Cada día se presenta como un enemigo invisible que me roba la energía y las ganas. Con un esfuerzo titánico lucho por sobrevivir en un mundo que se me ha hecho trizas. Se ahogaron sin remedio las alegrías y en mis manos solo queda un sinfín de sueños rotos. La muerte tiene la mala costumbre de llegar sin pedir permiso, de arrebatarnos lo más querido y dejarnos en la orfandad de los afectos.

No sé qué hacer, Nora. Contigo se fue la luz del mundo, no encuentro sentido a mi vida sin ti, solo veo un futuro denso y oscuro como el alquitrán.

Ahora estoy en un callejón ciego, no hay puertas a la esperanza y no sé qué hacer con tanto miedo. Ese huésped ingrato se ha instalado en mi pecho con la certeza de quien sabe que no será desalojado con facilidad. Ha echado raíces en mis huesos y me susurra al oído cuando intento dormir. En sueños me veo caminando por este callejón. Tanteo las paredes con los dedos fríos y busco una grieta, una rendija de luz, pero todo lo que encuentro es el eco de mi propia desesperación. Estoy enferma de pena, obsesionada con lo que podría haber hecho por salvarte, y no hice.

Vuelvo una vez tras otra hasta el día trágico, a la última escena, intento cambiar el desenlace, forzar la historia a tomar otro rumbo, uno donde la tragedia no nos alcanza, donde la vida nos da tregua.

En esa versión alternativa, Nora abre los ojos después de una noche difícil. Su fiebre cede, su respiración se vuelve más tranquila y los médicos, con sonrisas cansadas, nos dicen que lo peor ha pasado. Raúl y yo nos miramos con incredulidad, y entonces él toma mi mano con fuerza, como si ambos despertáramos de una pesadilla demasiado real.

Pasan los días en el hospital, lentos pero esperanzadores. Nora recupera el color en sus mejillas, sus dedos frágiles vuelven a aferrarse a los míos con la fuerza de una niña que aún tiene toda una vida por delante. Empieza a hablar, me pide que le lea su cuento favorito y se ríe cuando cambio la historia a mi antojo como solía hacer. Y luego llega el día esperado. Salimos del hospital con ella en brazos, envuelta en su manta de topos rosas, con el futuro extendiéndose sobre nosotros como un camino lleno de promesas.

Volvemos a casa juntos, a la tibieza de la vida cotidiana, de los días simples y preciosos que antes dábamos por sentados.

Pero, apenas abro los ojos, todo se desvanece como el sueño efímero que es, y la realidad me golpea de nuevo. No hay otro final. No hay vuelta a casa. Y, sin embargo, vuelvo, una y otra vez, porque en mi mente, al menos durante esos instantes, ella sigue aquí y el dolor deja de ser tan insoportable.

La casa respira en calma, con la esperanza de que un milagro devuelva el sonido de tu risa. Pero no vuelve. Tú no vuelves. Daría la vida porque todo siguiera siendo como antes, cambiaría todo lo que tengo por poder continuar este camino junto a ti. Quiero estar contigo, quiero verte crecer, oírte reír. Aunque ese es mi sueño, sé que no es posible, que ahora me toca lidiar con el dolor que me produce tu ausencia, con la rabia y la culpa que me consume.

Mis pensamientos son un laberinto enmarañado donde la culpa se esconde en cada rincón y me susurra reproches en cada esquina. ¡Debería haber visto las señales! ¿Qué se nos pasó por alto? ¿Por qué me quedé conforme con aquella visita? ¿Qué he hecho mal para que el universo me castigue de esta manera? ¿Por qué? ¿Por qué? ¿Cómo sacudirme la culpa? Siento un fracaso absoluto como madre.

Mi rabia y mi desesperación volcánica provocaron que me encerrara en una ira sorda hacia el hospital comarcal en general y la pediatra que la visitó allí en particular. Estoy dispuesta a presentarme allí con un cuchillo entre los dientes, quiero arrasar a los dos con furia vikinga, que ardan en una hoguera de infierno.

La tecnología se ha convertido en mi aliada para resguardar nuestros recuerdos; no puedo permitirme el lujo de perder ni uno solo de ellos. Es posible que sea lo único que no quiera olvidar cuando la memoria empiece a darme tropiezos y borre mis otros recuerdos. Miro una y otra vez las fotos, esos pequeños fragmentos de vida capturados, y escucho tus notas de voz en bucle para oír tu voz. Quiero seguir oyendo ese «¡Te quiero, mami!» de por vida. Mi niña, tan pequeña, tan frágil, tan llena de vida.

Lo hice lo mejor que supe, lo sé, pero hay un pesar silencioso que me ronda, hecho de sombras y susurros, que me acecha en las noches cuando el mundo calla y los recuerdos despiertan. Si hubiera sabido que el tiempo sería tan corto, habría dejado que la vida se desbordara, habría abrazado cada segundo con una voracidad incontenible, pero no existe fórmula de encantamiento ni poder divino que puedan devolverme al pasado.

Nos dejamos arrastrar por la vorágine del día a día viviendo en la ilusión perpetua de que siempre habrá un mañana, de que el tiempo nos pertenece, cuando en realidad se nos escapa sin que lo notemos. El tiempo es un prestamista cruel, que no concede prórrogas ni renegocia plazos, y nos recuerda que la vida es hoy y solo en el glorioso momento del ahora podemos actuar. Ámalo porque es lo único que tienes.

Trato de rememorar quién era yo. Me pregunto en qué empleaba los días antes de que nacieras, me sobran horas para hacer nada, me aterra el silencio, ese manto opaco que ha caído: un silencio espeso que ni siquiera los relojes se atreven a interrumpir.

Las horas pasan con una lentitud colosal, aún no ha llegado la luz del día y ya comienzo a contar las que me separan del anochecer, a ver si por fin hoy hay un mensaje para mí, un susurro que me diga que estás bien. Las noches pasan sin decir nada y los días se suceden con la misma sinfonía. Mientras espero, lucho por aceptar la realidad de un presente que huele a tragedia.

Las lágrimas fluyen como un reguero incontenible, se han convertido en un compañero inseparable; tengo la piel de la cara seca y resquebrajada. Hace un mes, a esta misma hora, yo era otra mujer. Ahora paso ante el espejo y no reconozco la imagen que me devuelve, pálida, con sombras violetas bajo los ojos hinchados y tristes; me cuelga la ropa y aun así me pesa el cuerpo, respiro hondo y me pregunto cuánto más viviré y para qué. La vida avanza sin detenerse, arrastrándome a un mañana que no he pedido. Hay días en los que sueño que la muerte anda suelta por el pasillo, rezongando con su revuelo de harapos sombríos y rumor de huesos, y me atrapa y me lleva hasta dónde estás tú. No tengo valor para suicidarme, pero rezo cada día para morirme pronto.

Tu cama vacía, tus juguetes, tu ropa en el armario, la quietud, me recuerdan cada día que ya no estás aquí. Abro puertas y cajones para encontrar una pizca de ella. Cada célula de mi ser siente una añoranza insufrible y reclama con un grito desgarrador verte, abrazarte, sentirte. Busco y busco entre tus cosas, aferrándome a la esperanza de que, en algún lugar, en algún rincón de la casa, encontraré una señal de tu presencia, una conexión con tu alma que me traiga un poco de paz en medio de esta tormenta. Pido una señal, una indicación de que no has desaparecido en la nada para siempre. No sé cómo alcanzarte, trato de comunicarme contigo con todos los recursos divinos que conozco, trato de meditar, de evadirme a otras dimensiones; te busco, hija. Y en medio de una de esas meditaciones, de pronto, te escuché:

—Hola, mami, estate tranquila, yo estoy bien. Tienes que ponerte bien, tienes que estar fuerte para cuidar de mi hermanita. Cuando haya pasado un año de mi muerte yo volveré con otro cuerpo, pero, sobre todo, debéis ponerme el nombre de Alma.

Esto me produjo una sacudida tan fuerte que me hizo temblar hasta los cimientos. ¿Qué significaba eso? ¿Cómo que iba a volver? ¿Su hermanita? No teníamos más hijos y no pensaba en una nueva maternidad, pero un resquicio inesperado se abrió y un rayo de esperanza comenzó a dejarse ver.

Le conté a Raúl lo sucedido. Su reacción no fue de dicha explosiva, como yo tal vez osé pensar; su respuesta ante la idea de volver a ser padres fue una negativa feroz, como una de esas tormentas en las que se pierde el control del timón, que me dolió como un bofetón. No quise oír sus razones; mis sentimientos dieron un brusco viraje porque esa posibilidad no se me había ocurrido. Ahora que puedo mirar atrás, le concedo la razón: era demasiado pronto incluso para pensarlo. No estaba dispuesta a abandonar esa idea, la dejé en calma, cocinándose a fuego lento, en espera de su momento. Con esto construí la balsa de la esperanza a la que me aferraría con desesperación de náufrago en medio de la peor tormenta imaginable.

Días después de su muerte recibí un mensaje del colegio invitándonos a un pequeño homenaje de despedida.

Comenzó con todos los niños de infantil en el patio, dispuestos en círculo, agarrados de las manitas en torno a una caja grande, rosa, tu color favorito, con tu nombre grabado en una pequeña circunferencia de madera, en medio de dos pequeñas alitas de plumas blancas y un enorme globo blanco atado a ella. Dentro habían guardado dibujos que te habían pintado tus compañeros, una fotografía en la que estabais todos juntos en el aula y la bufanda blanca que dejaste olvidada el último día que fuiste al colegio.

Mientras, de fondo sonaba esa canción tan emotiva de Nena Daconte, *Tenía tanto que darte*, que venía perfecta para el acto. Tu maestra te leyó una carta de despedida. Al acabar, papá y yo cortamos el globo que había sobre la caja. Todos lo seguimos con la mirada sin poder contener las lágrimas hasta que se perdió de vista en el horizonte. Nos despedimos entre abrazos, sollozos y con la pena calada hasta el tuétano. Y, de nuevo, regresábamos a casa con una caja entre los brazos.

No hubo ni un respiro, como si el destino lo tuviera planeado, pues a esto le siguió otro momento más de esa larga y agotadora lista de primeras veces que la vida nos obliga a atravesar. Esas primeras veces que me desgarran por dentro, porque en cada una de ellas te busco, y no estás, un recordatorio cruel de que la vida sigue, aunque no sepa cómo.

7 de abril..., tu cumpleaños.

La herida estaba en carne viva, sangraba a borbotones, pero no podíamos dejar que ese día tan especial pasara como si fuera uno más. Me desperté queriendo recordarte tal como eras: alegre, cantarina, risueña, sensible, tan sensible que a veces la música te hacía llorar. «Me da emoción», decías, y teníamos que cambiarla para que pudieras contener las lágrimas. Cariñosa, sembraste semillas de amor en todos los que te rodearon, y ahora nos toca a los que quedamos aquí regarlas para que florezcan, sin rastro de timidez. Esto debiste sacarlo de tu padre, porque yo a tu edad era más bien tímida. Después, los años y la vida han ido curtiéndome como cuero de toro, con carácter. Tenías un carácter fuerte que yo no quería que perdieras para que nadie pudiera vapulearte cuando fueras mayor.

Hacía un día soleado, pero se habían esfumado los colores y en el ambiente flotaba un tinte gris que coloreaba la realidad. Con el alma encogida y el corazón hecho añicos, reuní las pocas fuerzas que en ese momento me quedaban para hacer un bizcocho en forma de conejito. Había comprado el molde para la Pascua. Nunca imaginé que sería para celebrar un cumpleaños donde tú ya no estarías presente.

Por la tarde nos reunimos con la familia en nuestra casa. Si la memoria no me da tropiezos, no hubo velas, ni flores, ni ningún altar improvisado con tu fotografía, solo aquel pastel, desnudo, borracho de lágrimas. En el pecho siento una pesadez de lápida, una garra poderosa trepando hasta la garganta, ahogándome.

Fue una celebración corta y silenciosa. Nadie se atrevió a pronunciar tu nombre; te recordábamos en ese silencio compartido, donde nuestras miradas decían lo que nuestras bocas no podían. Tu ausencia nos doblaba de dolor a los allí presentes.

Son las diez de la noche. En un día como hoy, a esta hora hace cinco años, te sostuve en mis brazos por primera vez. Eras tan perfecta, de facciones finas, y con aquellos ojos grandes y almendrados, que me miraron con la determinación de un guerrero. Te hablé en ese idioma recién inventado que las madres solemos emplear con los recién nacidos, hecho de murmullos, suspiros y palabras que no significan nada y lo significan todo.

Ya solos, Raúl y yo, desde la azotea, soltamos junto a un **«te quiero»** susurrado al viento un globo blanco. Observamos cómo se elevaba, abrazados, hasta que en la inmensidad del cielo se perdió de vista. Nos quedamos allí un rato más, en el silencio de la noche, mirando las estrellas. Me pregunto si estás en alguna de ellas, si tal vez nos ves desde ese lugar donde las ausencias no pesan y no hay despedidas. Estoy agotada, siento como si el simple gesto de inhalar fuese demasiado, como si el aire hubiera dejado de ser aire. Me hundo en mí misma y me dejo arrastrar; no quiero volver, quiero abandonarme a la corriente y que eso que siento me lleve dulcemente hasta ese punto donde no hay retorno y me una a ti.

Durante las primeras semanas tras la pérdida, los libros se convirtieron en un compañero de viaje. Un amigo que habla y tú escuchas, esa primera conversación entre tu dolor y el dolor narrado por otros. Tenía claro que mi pérdida no era algo excepcional, sino la historia de millones de familias, el sufrimiento más antiguo y común de la humanidad. Pero leer que otros han sufrido y han pasado por lo mismo se convirtió en un consuelo.

En apenas doce semanas había leído un total de veinte libros, devorándolos de forma enfermiza, algunos en unas pocas horas. Ya no solo para leer las historias de otros, sino para encontrar respuestas a los miles de porqués que no podía resolver. ¿Por qué ha tenido que ocurrir esta desgracia? Y si hubiera ido antes al hospital, ¿se habría podido evitar? ¿Por qué a mí? Sabía que en esas historias no encontraría respuestas. Por más que lo intentaba, tampoco ocurría nada mágico que pudiera ayudarme en ese momento. Así que, libro tras libro, buscaba de forma casi agónica algo, lo que fuera, que me ayudara a entender, que apaciguara mi mente atormentada. Entre tanta letra no encontré respuesta alguna. Cuanto más buscaba y más veces me repetía las mismas preguntas, más caía en la desesperación. Y comencé a buscar qué sucede después del suicidio. Independientemente de mis creencias, sentía una necesidad urgente de saber adónde van quienes deciden irse de forma voluntaria, si acaso se reúnen con aquellos que amaron, saber qué sienten en el último suspiro. Buscaba como una desesperada algo que me dijera si alguien, en algún rincón del tiempo, había regresado de la muerte y podía contarlo con todo lujo de detalles. No sé de dónde saqué la idea, ni qué fuerza me impulsó a buscar en esas profundidades.

Una vez más, allí estabas tú, hija, para rescatarme de mis demonios. Me dijiste:

—Mamá, si lo haces, tú y yo nunca nos encontraremos.

Este mensaje me hizo reflexionar y me sirvió para darme cuenta de que, día a día, me acercaba más al abismo. Nuestra vida aquí sigue, aunque la mayor parte del tiempo no es lo que deseo. Abandonar el cuerpo es una idea fascinante, pero ese botón de escape, ese que dice «quiero irme contigo» y que tan alegre pulsaría, no está en ningún sitio.

No sé cuánto ha de pasar para volver a ponerme en pie, ni cuánto tiempo se requiere para pasar esta nueva lección en la escuela de la vida: aprender a vivir de nuevo.

Es casi imposible enfrentarse solo a un dolor tan intenso. Era hora de dar un paso más y pedir ayuda. En esta etapa de locura emocional anhelábamos una voz serena que nos guiara, alguien que nos dijera que todo ese caos interno era natural, que el dolor y la confusión formaban parte inevitable del duelo. Necesitábamos que nos dijeran que no estábamos perdiendo la razón, aunque por instantes sentíamos que la locura nos rozaba. La primera experiencia que tuve con la psicología durante este tiempo fue con un muchacho despelucado del centro de atención primaria, que me aconsejó las mismas perogrulladas que cualquier demente, en su escaso juicio, podría haberme dado. Por suerte, a pesar de las circunstancias, aún conservaba algo de cordura, y decidí no volver a verlo por cuestiones de seguridad elemental. La segunda vez fue con una mujer que también tenía muy poco que ofrecerme.

Estoy convencida de que las personas que pueden ayudarnos aparecen como los ángeles, no es por casualidad ni una mera coincidencia del destino. Es parte de la magia que se produce cuando lo que nos mueve es el impulso de querer estar bien, de transitar esa noche oscura del alma de la mejor forma posible.

Y esa magia puso en nuestro camino a Mónica, doctora en psicología, especialista en duelo e inteligencia emocional, que vibraba en nuestra misma sintonía.

Cinco semanas después de la pérdida comenzamos las sesiones. Fuimos juntos, como siempre, como en todo, porque así habíamos aprendido a vivir: en equipo. Y así seguimos sosteniéndonos el uno al otro, aferrándonos a lo que aún nos queda.

En la primera sesión que tuvimos, su luz nos envolvió por completo. Sentimos un amor tan intenso, tan genuino, que supimos de inmediato que estábamos en el lugar correcto: el punto de partida donde, desde su mano, emprenderíamos el viaje de sobrevivir a revivir, del simple existir al renacer.

4. El lenguaje del alma

Es mayo, han pasado tres meses y medio desde que Nora nos dejó y sigo perdida en el laberinto de recuerdos y preguntas sin respuesta. En el silencio espeso de la noche, los recuerdos cobran vida y giran en un remolino infatigable. Las preguntas me asaltan sin piedad, dejándome atrapada entre la desesperación y la nostalgia, buscando respuestas que no encuentro. Quiero gritarle al cielo, exigirle explicaciones a un Dios que ahora me parece distante y sordo. ¿Por qué? ¿Por qué tuvo que ser ella? ¿Por qué mi niña, que apenas comenzaba a vivir? ¿Por qué? ¿Por qué? De nuevo viniste para responderme.

—Hola, mami —dijo la voz clara y suave de Nora. Como si estuviera allí, como si la distancia entre este mundo y el otro se desdibujara, como si el velo que separa nuestras realidades se hubiera levantado por un instante.

—Hola, mi amor, ¿cómo estás?

—Yo estoy bien, pero tú no.

—Lo sé, te echo mucho de menos. Esto está siendo muy difícil.

—Ya..., no ha salido como planeamos —respondió con esa sabiduría que parecía ir más allá de cualquier experiencia humana.

Sus palabras me desbordaron, pero lo que vino después hizo que todo cobrara una nueva dimensión.

—¿Qué quieres decir? ¿Por qué dices eso? ¿Qué es lo que planeamos?

—Tú escogiste vivir esta experiencia para crecer como alma y, además, papá también la eligió. Yo decidí ayudaros. Y todos los que están ahora con vosotros también quisieron apoyaros —dijo, me quedé muda de la impresión. ¿Cómo podía haber elegido este dolor?

¿Cómo pude haber trazado un plan donde su muerte era inevitable? —. La yaya Uri no quiso, ella ya estaba haciendo su proceso —continuó.

Veinte días después de la muerte de Nora, su abuela paterna, Uri, falleció sin saber que su nieta se había ido antes que ella. Estaba muy enferma y decidimos ocultarle la verdad. Estábamos los dos junto a su cama cuando exhaló su último aliento. Instantes antes, con expresión de asombro, como si hubiese visto algo imposible de comprender, me dijo:

—¡He visto a Nora! —exclamó, como si su presencia hubiera sido tan real como la nuestra—. Habías venido a buscarla.

Le sonreí mientras luchaba por contener las lágrimas y asentí en silencio. Después de eso, se despidió de la vida.

Ni siquiera pude llorar su muerte; el peso de tu ausencia no dejaba espacio para otro duelo. No sé lo que pasaba por la mente y el corazón de Raúl.

Volvamos a esa conversación.

—¿Está ahí contigo? —pregunté.

—No, está en otro plano más sutil, descansando.

—¿Cuántos planos hay?

—Infinitos. Esto es muy grande y hay otras esferas donde también vamos para prepararnos.

—Amor mío, si llego a saber todo el dolor y sufrimiento que esto traería, no lo habría hecho. Esto ha sido un desastre.

—Puede que ahí en la Tierra lo veas así, pero desde aquí no se ve igual. Estoy aquí, junto a ti, y pronto volveré.

Otra vez ese mensaje. «Pronto volveré». ¿Cómo? Pero... ¿De qué plan me habla? ¿Qué es lo que había salido mal? ¿Acaso ella no tenía que haberse ido y por eso volvía? ¿Es posible que estuviera viviendo una vida escrita mucho antes de nacer?

Días más tarde, en uno de esos momentos en los que la frontera entre lo visible y lo invisible se vuelve delgada, una voz llegó a mí con una claridad serena. Me dijo algo que quedó suspendido en mi mente como una verdad antigua, esas que se saben sin haberlas aprendido: nadie se marcha antes de tiempo. La existencia no es un azar caprichoso, sino un sendero trazado mucho antes del primer latido, incluso antes de la gestación. Cada alma, me dijeron, llega con un plan, con una duración exacta, como si el tiempo fuera una hebra ya medida en el gran telar del destino.

Quise recordar cada palabra de esta revelación, pero la memoria es frágil cuando el alma está herida. Solo quedó la esencia: la certeza difusa de que su partida no fue un abandono, sino un cumplimiento. Su paso por mi vida tuvo el tiempo que debía tener.

Aún lamento no haberlo anotado, no haber guardado cada frase como un talismán contra la pena. Pero quizás no era necesario. Tal vez lo importante no era recordar las palabras exactas para repetirlas, sino permitir que su significado se asentara en ese rincón donde la razón ya no tiene cabida.

Pero... esa parte de mí que lloraba hasta perderse en la desesperación no podía ver lo que mi alma ya sabía y la mente aún no podía comprender. ¿Cómo aceptar que una vida tan breve pudo haber sido completa? ¿Cómo convencerme de que su partida no fue un error, sino el cierre de un ciclo que ella misma, en otro tiempo y espacio, eligió recorrer?

Después de este encuentro, me vi impulsada a indagar en los misterios del universo. Un libro llegó a mis manos, distinto a todos los que había leído hasta entonces, y me dejó la sensación de estar desenredando un ovillo de lana. *El plan de tu alma*, de Robert Schwartz. Lo leí con avidez, con la urgencia de quien necesita encontrar sentido a lo que duele.

Fue allí donde comencé a entender la profunda sabiduría de este plan tan antiguo como el tiempo mismo, tan complejo como un laberinto de espejos, donde todo lo que vemos y sentimos es reflejo de algo mucho más grande que nosotros, que no es ni bueno ni malo, pero sí necesario para nuestro crecimiento. Es un mapa invisible trazado mucho antes de que el cuerpo tenga nombre, antes incluso de que el primer latido anuncie la llegada al mundo. Las almas, dicen los antiguos, eligen su sendero con la claridad de quien no ha sido aún tocado por el olvido. Saben a quién amar, qué heridas llevarán como medallas secretas y en qué momento deberán partir. Nosotros, pobres criaturas atrapadas en la materia, nos rebelamos contra ese plan. Nos cuesta aceptar que hay dolores que no pueden evitarse, pérdidas que estaban escritas y encuentros que no se pueden forzar.

Mi vida, como muchas otras, se ha tejido con hilos de sufrimiento y de dicha, de encuentros fortuitos y despedidas desgarradoras. Durante mucho tiempo me pareció que todo era una serie de azares, de casualidades entrelazadas con la más pura de las inevitabilidades, una corriente impredecible que nos arrastra sin sentido. Hubo un tiempo en que creí que su muerte había sido una mezcla de circunstancias y errores, una terrible mala suerte.

Ahora creo —con la certeza suave de quien ha llorado mucho y ha empezado a entender— que nada de lo que nos sucede es azar. Que incluso el sufrimiento tiene su parte sagrada. Hay despedidas que, vistas desde el alma, no son finales, sino regresos.

Pensar en esto me ayudó a encontrar sentido incluso en lo más cruel. La aceptación llegó por etapas, a veces como un bálsamo, a veces como una daga. Aunque disponía de abundante información, eso no apagó el dolor que latía con vida propia; sin embargo, sí se convirtió en una brújula en medio de la tormenta, una hebra de luz que entrelazaba mis pensamientos, un rayo de esperanza que se filtraba entre las grietas de la desdicha.

Si mi alma había elegido vivir esta experiencia, también había elegido la fortaleza para atravesarla.

Fue entonces cuando dejé de culparme. La culpa, ese manto pesado tejido con hilachas de recuerdos y arrepentimientos, envolvía mi alma y la apretaba como una serpiente entre sus anillos. Un sentimiento mordaz que me arrastraba sin piedad, haciéndome rodar sin freno hacia la oscuridad más profunda. Nada de lo que yo creía que podría haber hecho, habría alterado el curso de la historia. No se puede cambiar un desenlace escrito en otro tiempo.

Aceptar lo que es, lo que ha sido y lo que será, no como una condena, sino como un acto de entrega, fue lo que me permitió soltar el lastre. Todo lo que vivimos, por más doloroso que sea, forma parte de un diseño superior, tejido con hilos invisibles que solo el alma sabe descifrar.

Somos peregrinos en un viaje que nunca termina, y la paz que encontramos no es la de llegar a un destino final, sino la de aceptar el viaje tal y como es.

Quizás, en el fondo, ese sea el secreto más grande: saber que estamos aquí para aprender, sanar, descubrir la luz que cada uno lleva dentro.

El plan del alma no es algo que podamos comprender por completo. Apenas nos aferramos a migajas de sentido como quien junta pedacitos de vidrio roto creyendo que puede recomponer un vitral.

Lo poco que he sabido de mi plan es lo que Nora compartió conmigo en ese mensaje. Tampoco he tratado de averiguar más porque, después de todo, prefiero que la magia de la vida suceda sin más. Y cuando mi propia vida llegue a su fin, comprenderé con claridad lo que ahora solo intuyo: que todo ocurrió como debía, que no hubo errores, y que, al otro lado del velo, ella me estará esperando.

5. El verano

Vivo en Lloret de Mar, donde cada año el verano despierta con el escándalo habitual de un pueblo turístico de costa: algarabía de voces, un torrente estrepitoso de diversos idiomas vociferados, tráfico y música destemplada. Enfrentarme a él me producía un vértigo de muerte, me sentía desgastada al límite de mis fuerzas; el verano se extendía ante mí como una llanura infinita que desafiaba mi voluntad.

Es julio, las calles bullen de vida veraniega, muchedumbre de energía inagotable que va y viene de un lado para otro, terrazas llenas, playas repletas de familias, donde tu ausencia se hace más presente que nunca. Observo a esos padres que no soportan a sus hijos, atrapados en el torbellino del hastío, y me hace pensar en la cruel ironía de la vida. Me he quedado con el corazón vulnerable y los huesos blandos; la frustración se anida en mi pecho, una bestia que se retuerce y ruge en silencio. Ese rugido silencioso reverbera en mi interior y no puedo evitar que la rabia me ataque con voracidad de tigre.

Eché a andar hasta la playa el primer día de este verano tan distinto, tan triste, con la cabeza gacha y los ojos clavados en los pies, con una bolsa nueva al hombro, más pequeña, más ligera. Me dejé caer en la arena caliente, como quien se rinde, dispuesta a no ponerme a llorar con el primer niño que se pusiera a mi lado, y como no podía ser de otra forma, allí estabas tú, para calmarme como un bálsamo. No eras un fantasma ni una aparición etérea; podía sentirte tangible y presente, estabas tumbada sobre mí, con tu cabecita apoyada en mi pecho. Pude sentir tu abrazo como si estuviéramos piel con piel, igual que el día en que naciste. Luché contra las lágrimas, que nublaban mis ojos, y me quedé quieta para que no te desvanecieras como un tímido espejismo. Fue casi tan breve como sujetar agua entre los dedos, pero lo bastante poderoso para llenarme de fuerza y poder seguir adelante. Esperé en vano a que volvieras.

Muchos días me siento en el suelo de tu cuarto y te hablo: te cuento cómo transcurren los días, aunque sé que tú ya lo sabes. Me gusta pensar que me observas desde algún rincón invisible. Te confieso lo mucho que me gustaría que estuvieras aquí. Si la muerte no te hubiera dado un zarpazo prematuro, estaríamos disfrutando un verano más en la playa y en la piscina del tito. ¿Te acuerdas de lo bien que lo pasábamos? «Uno..., dos..., tres», y entonces, sin pensarlo, en un salto lleno de confianza, nos zambullíamos. Te movías en el agua con la gracia de una pequeña sirena. Parece que aún hoy puedo oírte contar. ¿Y cómo olvidar cuando jugábamos a submarinos? Te sentabas en mi espalda a horcajadas y te aferrabas a mí como si nunca me fueras a soltar. Yo braceaba bajo el agua hasta que te parecía que ya llevaba demasiado tiempo sin respirar y me tirabas del pelo para que sacara la cabeza. ¡Era nuestra señal!

Eras muy princesa y te encantaba andar disfrazada de una de ellas: Vaiana, Elsa, Bella, Blanca Nieves, Isabela Madrigal... Ese verano hubiera podido ahorrarme comprarte ropa, porque casi cada día te dio por querer salir vestida de alguna de ellas. Menos de Mirabel Madrigal, ese vestido se ha quedado en el armario sin estrenar. La semana que la gripe te invadió, mientras dormías, le di unos cuantos retoques: flores hechas de hilo, mariposas y un cancán para que fuera un auténtico vestido de encanto. También te pinté a mano unas alpargatas fucsias con flores de colores y el nombre de Mirabel, con la mitad en cada zapato, para que cuando juntaras los pies, pudiera leerse el nombre completo. Añadí cintas para liarlas en las piernas. No hubo ocasión de usarlo y, si no me falla la memoria, las zapatillas ni siquiera llegaste a verlas. Las guardé para darte una sorpresa el día de carnaval.

Ignoro cuántos niños hay en el mundo que no quieran un hermano. Tú eras uno de esos.

—¡Yo no quiero un hermano pequeño, si acaso uno mayor, que esos hacen regalos! —decías. ¡Qué ocurrencia! No sé de dónde sacaste la idea. El resto de nuestras aventuras ya las conoces, hija. ¡Te echo tanto de menos!

Tu armario y cada rincón de esa habitación siguen guardando una parte de ti: tus libros, tus juguetes, tus dibujos. Es como si esperaran tu regreso, como si en algún momento abrieras la puerta y todo volviera a ser igual. Sé que hace poco me pediste que me deshiciera de ellos, que no me dejarían avanzar, pero ahora mismo no veo la necesidad de vaciar ese armario. Es una forma de retenerte aquí. Hemos quitado el color rosa de las paredes. Ahora son amarillo cálido. También hemos pegado un arcoíris de vinilo en la pared y colocado tu cama debajo. En ella paso bastantes ratos, tendida, recordándote, abrazada a tu conejito de dormir, Eño, como tú lo llamabas. Ha perdido tu olor, ya casi nada huele a ti.

Te llamo y te llamo en medio de un sollozo abismal, pero tu nombre se pierde entre las paredes, no sé si puedes oírme.

Me gustaría estar contigo, detrás de ese velo que me impide verte; igual que viniste a buscar a la yaya Uri, ven a buscarme a mí también.

—Mamá, cuando vuelvas aquí, tú y yo ya no seremos madre e hija, ese era nuestro rol ahí, aquí formaremos parte de un grupo de almas.

Lo siento, hija, trato de no caer en sentimentalismos, pero tu ausencia aún tiene un gran peso sobre mí. Deberás disculparme si de repente me rompo y viajo hasta ese espacio interior donde las memorias habitan. A veces siento que allí, entre esos recuerdos, el tiempo se detiene y tú sigues presente, intacta, como si nunca te hubieras ido.

Pero la vida, tan implacable y testaruda, no se detiene. El paso de los días se convirtió en un rosario interminable, cada cuenta en una mezcla de furia y resignación. Hasta que una tarde las dos esferas azules volvieron a hacerse presentes; estaban suspendidas en el aire, como dos lunas mellizas, flotando sobre una de las fotos de Nora que descansaba en la estantería del comedor. Al verlas, un escalofrío serpenteó por mi espalda, erizándome la piel. ¿Acaso era un presagio? ¿Un anuncio silencioso? Supuse que no habían venido a traer buenas nuevas. Les pregunté con rabia:

—¿A quién habéis venido a buscar ahora?

Raúl y yo volvimos a encontrarnos con la impaciencia de un amor recién estrenado y el candor de un romance clandestino.

La semilla del amor germinó y aquel palito húmedo de color rosa lo confirmaba: ¡Embarazada! Me saltó el corazón de esperanza y de terror, una mezcla que solo entiende quien ha amado y ha perdido. Lloramos y reímos al mismo tiempo. La noticia llegó a la familia como un estallido, desbordando las fronteras de lo esperado. Fue recibida con estruendos y alharacas, una explosión de voces que se entrelazaban en una cacofonía de sorpresa, incredulidad y entusiasmo. Todos intentaban, a su manera, abrazar la noticia. En medio de esa algarabía se podía sentir una unidad inquebrantable.

Era el veintitrés de julio, la misma fecha que, seis años atrás, supimos que estábamos esperándote. Contamos las semanas hasta la fecha probable del parto: siete de abril, el día de tu cumpleaños. Hablábamos eufóricos sobre ese primer mensaje que nos diste: «Cuando haya pasado un año, volveré».

Tenía los pies plantados en tierra firme, pero una parte de mí escapaba hacia el abismo de los sueños y me repetía en silencio esa frase como un mantra. Me parecía que todo coincidía de una forma mágica, que todo estaba bien planeado y que nada malo podía suceder.

Estaba de siete semanas, llegamos al centro de salud con el corazón ansioso y una sensación que no sé si puedo describir, algo entre ilusión y recelo.

Me atendió una doctora de manos firmes y mirada serena. Me recosté en la camilla y dejé que el mundo se hiciera pequeño, reducido a la luz tenue de la pantalla que frente a nosotros mostraba imágenes borrosas, pero no era eso lo que me importaba. Lo que deseaba era escuchar ese latido, ese pequeño sonido que lo conectaría todo. Pero, en medio de aquella neblina gris, no lo había.

—¡No hay latido! Se ve el saquito gestacional, pero no veo nada en el interior. Quizás es demasiado pequeño aún para poder verlo. Volvemos a vernos en unos días.

—Vale —dije con un suspiro de cansancio.

Raúl recibió la noticia con la expresión impasible de quien ha aprendido a no confiar demasiado en la suerte. Se quedó en silencio, con los ojos fijos en un punto invisible, mientras en su interior se mezclaban el alivio y el miedo en proporciones desconocidas.

Había pasado meses sobre una cuerda floja, atrapado entre el dolor y la necesidad de seguir adelante.

El embarazo no era buscado, pero tampoco evitado, así que no le sorprendió del todo; lo había sentido como se intuyen las tormentas antes de que el viento las anuncie. Y ahora, con la posibilidad suspendida en «puede que sea pequeño, nos vemos en unos días», se encontraba en ese limbo extraño donde la incertidumbre es más agotadora que cualquier certeza.

Estaba más delgado que antes, con el rostro algo hundido por las noches en vela y la comida que a menudo olvidaba. Aún no había recuperado el color y su piel parecía más tensa sobre el cráneo afeitado, como si el tiempo le hubiera limado los rasgos hasta dejar solo lo esencial. Se pasó una mano por la nuca, un gesto automático que en otro tiempo habría sido para despejarse el cabello, y ahora solo era un recordatorio de que ciertas cosas no vuelven.

—Bueno... —dijo sin saber exactamente qué quería decir.

Se inclinó hacia adelante, apoyando las manos en las rodillas, y soltó un largo suspiro. No era tristeza, no del todo. No era alivio, no por completo. Era la certeza de que, una vez más, la vida lo ponía a prueba sin darle respuestas inmediatas.

Salimos de allí sin apuro. Caminamos de vuelta a casa. Íbamos en silencio, cada uno sumido en sus pensamientos. Yo sentía el cuerpo extraño, como si llevara dentro un secreto que aún no podía desvelar.

Lo único que nos quedaba era aguardar hasta esa próxima cita con la calma forzada de quien sabe que el tiempo, tarde o temprano, despeja las dudas o las convierte en certezas.

Con el rodar de los días, todo se transformó en un caleidoscopio de caos. Estaba contenta y enfadada a la vez, triste, asustada, navegando entre la esperanza y el dolor. Quería que todo fuera bien y, al mismo tiempo, sentía fastidio por tener que someterme al prodigioso esfuerzo de gestar y dar a luz a una criatura.

En medio de esa espera, durante tres noches, mi abuela materna salió del espejo para visitarme. Vitorina, así se llamaba, había fallecido hacía dos años de una larga y agónica enfermedad donde los recuerdos y quién eres quedan sumergidos en los estratos más profundos de la memoria. Ya la sabíamos inmortal, cuando un día decidió que noventa y seis años eran suficientes. Puede que parezca una escena al más puro estilo de James Wan, pero no lo fue.

La habitación estaba apenas iluminada por el sutil resplandor de las luces del exterior, pero podía verla con claridad. Su semblante estaba serio y triste, y en su mirada se podía percibir que algo me quería decir. Nos miramos por unos segundos.

—¿Qué me quieres decir, abuela? —le pregunté y, envuelta en un silencio cargado de presagios, desapareció.

Necesitaba mantener la mente ocupada mientras esperaba y, de paso, salir del entorno que empezaba a ser cuando menos asfixiante. Entretanto, nos fuimos a pasar tres días a Barcelona. Nos hundimos en el calor de la ciudad, la recorrimos con el fervor de los viajeros, paseamos por las calles antiguas y estrechas del Born y del barrio Gótico, visitamos museos, iglesias, basílicas y catedrales.

La segunda noche, en la cama del hotel, de nuevo las dos esferas volvieron a visitarme. En esta ocasión no eran iguales, una era de color azul y la otra dorada.

Una inquietante sensación me invadió.

—¿A qué venís? ¿Qué queréis decirme? —pregunté.

En la tarde del día siguiente, un río de sangre comenzó a fluir entre mis piernas.

—¡No puede ser real! ¡No puede estar pasando esto!

Nos fuimos al hospital más cercano con el corazón en un hilo y un nítido presentimiento de fatalidad. Mientras hurgaban en mi más profunda intimidad, sentí que caía una lágrima por mi mejilla, y luego otra, y otra más, hasta que fue un torrente de llanto, un tumulto de sollozos, un sofoco de nostalgias y tristezas. Él no derramó lágrimas ni buscó palabras de consuelo; solo estuvo ahí, con su presencia firme pero contenida, sosteniendo el momento sin intentar descifrarlo.

Otra experiencia amarga que se sumaba y me dejaba de nuevo el alma desolada. No solo moría el hijo que esperábamos, también moría la ilusión, la fe y la esperanza.

Salimos del hospital sosteniéndonos mutuamente y con la pena adherida a los huesos, como el moho a las viejas vigas de madera. Terminamos en un parque, sentados en un banco desvencijado, rodeados de una primavera que parecía insultante en su exuberancia, y donde la vida seguía su curso con indiferencia. Llamamos a nuestros padres. Las palabras salieron entrecortadas, rotas por el dolor. Les dimos la noticia, temblando, llorando sin consuelo. Nuestros cuerpos se sacudían con el llanto que no sabíamos contener. Al otro lado de la línea, hubo un silencio largo, uno de esos silencios donde cabe el desconcierto, la preocupación y el amor que no sabe cómo expresarse en momentos así. Nos quedamos allí hasta tarde, sin ganas de movernos, viendo el sol esconderse entre los árboles. El viento empujaba las nubes como si intentara despejar el cielo, pero hay brumas que no se disipan tan fácilmente. Cuando la noche nos alcanzó, regresamos al hotel.

Al día siguiente seguimos nuestro vagabundeo por la ciudad: estirábamos las horas, llenábamos el tiempo con conversaciones vacías y miradas largas, en un intento de aplazar lo inevitable: volver a casa, a la rutina absurda de existir cuando el alma está a la deriva.

Esos vestigios ensangrentados, recogidos en un trozo de tela blanca, nos confirmarían más tarde que era una niña.

Esto me apuntó con el dedo para llenarme de dudas.

—¿Y si ese embrión era la niña a la que se refería Nora y todo lo que iba a suceder ya ha sucedido?

Alcancé a sentir de nuevo el mordisco del terror y volví a caer al fondo del abismo, donde ambas pérdidas se abrazaban en la misma agonía.

Ha pasado una semana desde ese fatídico catorce de agosto. Estaba enfurecida con la vida, envenenada de rabia, con la sensación de estar siempre en medio de un tifón, teniendo que asegurar puertas y ventanas para que el viento de la desgracia no arrasara con todo. Me levanté del sofá en el que llevaba días postrada, arremetí a golpes contra la pared, y con furia devastadora cogí un cuchillo, dispuesta a terminar con todo el sufrimiento. Me quedé en medio de la sala, de pie, con el brazo extendido, sujetándolo con fuerza. Pero algo más grande que yo hizo que abriera la mano, mientras un aullido visceral, que nacía desde lo más profundo de la tierra y subía por mi cuerpo como una lanza, me llenó la boca y mis piernas se volvieron de trapo. Raúl me recogió, envolviéndome en sus brazos como una manta cálida, y en medio de susurros de consuelo, lloré largamente hasta que el sueño venció a la pena.

Durante la noche sucedió algo inexplicable y profundo que me transformó. Me desperté en paz, llena de calma y serenidad. Podía verlo todo con suma claridad, como si un imán se hubiera encargado de encajar todas las piezas del rompecabezas para poner orden; nada sobraba ni faltaba. Ya no sentía dolor por aquella pérdida y su lugar lo ocupó algo muy valioso: aprender a soltar.

Por mucho que me doliera, era necesario pasar por esa amarga experiencia. Tenía que desapegarme de la forma física de Nora y no veo de qué otra forma podría haber sucedido. No se puede gestar una nueva vida deseando que esta sea igual que la anterior. Ni es un buen momento enfrentar un embarazo en medio de un duelo porque el corazón no puede dividirse sin consecuencias, lo sé muy bien. El duelo es un manto pesado que deja poco espacio para la alegría y el gozo, y en ese estado cuesta imaginar el milagro de la vida que crece dentro de ti. En esas circunstancias, el embarazo, que debería ser un tiempo de esperanza y sueños, se tiñe de sombras, convirtiéndose en un terreno árido e incierto.

A la noche siguiente, Nora vino a verme de nuevo.

—¡Perdóname! —eso fue todo lo que dijiste.

Mi mayor deseo era que tú volvieras y que todo siguiera como antes. Se me habían enredado las ideas con ese mensaje del principio. Solo quería traerte de nuevo a la vida, y eso, amor mío, es algo imposible.

Tus mensajes me sostuvieron día a día, semana a semana, un hilo frágil que me mantenía unida a la vida cuando todo parecía desmoronarse a mi alrededor.

La casa seguía tal y como tú la habías decorado en tu corta vida, con los peluches dispuestos en fila en el respaldo del sofá, como guardianes callados, y los juguetes en tu rincón de juegos, testigos mudos de risas y aventuras imaginadas. Era hora de darle un giro, de avanzar, de deshacerse de algunas de esas cosas y guardar otras, abrir las ventanas al aire fresco del cambio, con la esperanza de que, con cada pequeño movimiento, floreciera un nuevo comienzo. La vida debe continuar.

Por aquellos días, en la noche, volví a preguntarle al silencio:

—Abuela, ¿qué querías decirme?

Esta pregunta solo fue el principio de un capítulo con un desenlace apasionante.

6. Abuela

Tiempo después vino a pasar el día con nosotros Carmen, tía de Raúl, una mujer dulce, conocedora de las propiedades de las plantas y de la kinesiología, y con facilidad para conectar con lo divino. Había sido la encargada de proporcionarnos los brebajes de flores de Bach, testados con un péndulo que usaba para tal fin y el poderoso artilugio de sus mejores intenciones. Estos, junto con la homeopatía recetada por un doctor, me salvaron de la tan terrible farmacia y sus efectos secundarios.

Carmen y yo aprovechamos una de esas tertulias de sobremesa para hablar de lo sucedido. La conversación empezó mal.

—¿Sabes que esto que ha pasado también ha sido para sanar una herida de tu abuela materna?

—¿Qué? ¿De qué estás hablando?

—Tu abuela materna tuvo un aborto, esa herida se quedó sin sanar, oculta, en secreto, y tú has venido para sanarla.

—El propósito de ese aborto ya sabes cuál fue y lo que pasó después. No hace falta que te lo explique todo de nuevo. Además, mi abuela no ha tenido nunca ningún aborto —le contesté.

«¡No me vengas ahora con historias de abuelas! ¡Ya solo me faltaba tener que oír esto!», pensé, pero no se lo dije.

Aún no estaba recuperada del todo de esa nueva pérdida y escuchar ese argumento fue como echar sal en la herida.

Y preferí dejarlo ahí.

Conocía algo sobre el tema transgeneracional, pero no tanto como para sospechar que tras ese aborto pudiera haber algo más de lo que ya había sucedido.

Pensé que olvidaría esa posibilidad, pero ocurrió todo lo contrario. Lo que en un principio fue una curiosidad, un intento de acercarme un poco más a la verdad, se transformó en una invitación a escarbar en el alma. Algo me decía que había más en mi historia de lo que hasta entonces había creído.

Las dudas comenzaron a asaltarme y me llevaron a explorar un amplio abanico de libros, artículos, conferencias... También interrogué a mi madre, quien me confirmó que mi abuela había sufrido un aborto a los cuatro meses de gestación. Desconocía cómo la había marcado este hecho. Había una conspiración de silencio en torno a este suceso, y ella lo supo cuando fue adulta y madre. No recuerda haber percibido en su relato ninguna connotación especial; lo contó en el tono de quien relata un hecho natural, como las mareas o la migración de las golondrinas.

Con paciencia de arqueóloga, fui desenterrando las raíces de mi árbol genealógico. Encontré nombres, fechas, cargas familiares, vestigios de dolores no expresados y secretos que pesaban sobre el linaje.

Mi vida siempre estuvo marcada por una herencia invisible que se extendía mucho más allá de lo que mis ojos podían ver. Me di cuenta de que las tragedias de los que vinieron antes que yo no se desvanecen con el tiempo; permanecen a la espera de ser liberadas. Esos patrones, esos roles que mis abuelos, mis padres, no supieron o no pudieron resolver, recaían ahora sobre mí, y me tocaba continuar el ciclo.

Recuerdo la primera vez que alguien me habló del árbol transgeneracional. En ese momento pensaba que solo estábamos vinculados por la sangre, pero pronto comprendí que no solo compartimos apellidos o ADN. En las ramas de ese árbol se esconden historias no contadas, decisiones tomadas en silencio que susurran en los rincones de nuestra memoria familiar. Los conflictos no resueltos, los abortos, las separaciones, las adicciones se acumulan como sombras. Y, como una maldición, esas sombras vuelven a aparecer, generación tras generación, mientras esperan ser vistas y entendidas, influyendo en nuestro destino sin que nadie lo decida.

A medida que indagué más, descubrí que liberarse de esos fantasmas era posible, pero solo si uno está dispuesto a mirar hacia atrás, a entender lo que no se ha comprendido y a romper con el silencio que mantiene esa herencia encadenada.

Para podar el árbol se requiere toda una vida, y tal vez eso no alcance. Pero después de este exhaustivo trabajo, ya estaba preparada para ponerle luz y dejar de cargar con su peso.

Pasadas unas semanas, volvimos a vernos.

—Dame las manos, ponte de pie y cierra los ojos —me dijo.

Respiré hondo. Tras unos minutos con los ojos cerrados y la respiración lenta, me elevé a otro estado de conciencia, atravesé esa puerta misteriosa que nos separa y amanecí al otro lado. Todo era luz y silencio, pero no el silencio que conocemos aquí, sino un silencio pleno, lleno de significado, como si todo el universo estuviera en calma, aguardando. No había sombras ni miedos, me embargó algo que solo puedo definir como amor. Un amor que no exigía, solo era. Me sentía parte de todo, todo era uno, todo era infinito y pude sentir una paz que no tiene paralelo en este mundo agitado. Allí, delante de mí, estaba ella, mi abuela. Ya no era como la había visto en esas visitas nocturnas; era una silueta de luz dorada, brillante, semitransparente, un ser de luz. Nos miramos; en ese punto exacto convergieron pasado, presente y futuro. Ya no estaba triste. Pronunció mi nombre: Larin, como ella solía llamarme. No era solo una palabra, era un reconocimiento, un recordatorio. Le sonreí, me sonrió, en ese gesto había una comprensión profunda, como si me dijera «¡Todo está bien!», no hubo más que decir porque lo que sentí estaba más allá del lenguaje. Mi corazón latía con fuerza, sabía que algo se cerraba, como si hubiera soltado una pesada carga que había llevado durante mucho tiempo. Esa herida que había quedado enterrada en las cavernas del alma estaba sanada. Con esto di a ese ser no nacido su lugar en nuestro linaje y yo podía seguir mi camino, libre.

7. Tejiendo sueños y recuerdos

Durante las siguientes semanas, la vida continuó su curso entre gripes tempranas y ese moderno virus que ha venido para quedarse, que acecha a cualquiera en su abrazo febril y hace trizas durante quince días a quienes se cruzan en su camino. Dio comienzo el otoño, mi estación favorita; no tiene la urgencia del verano ni la desolación del invierno, una estación de tránsito que entra con paso firme, barriendo las estridencias del verano. Es la estación que más disfruto, no solo por la transformación que impone sobre el paisaje —los árboles se despojan de su vanidad verde y visten tonalidades ocres, doradas y rojizas, como si cada hoja se volviera un fragmento de un cuadro impresionista—, sino por la tregua que ofrece después del bullicio estival, cuando todo es un ir y venir incesante, un frenesí que agota.

Por suerte, durante este proceso no he tenido que ir a trabajar. Ha sido un alivio no tener que fingir normalidad en medio de la tormenta. No tener que ajustarme a horarios ni responder a preguntas con frases corteses mientras por dentro todo se desmorona.

El duelo requiere tiempo, tiene su propio reloj, uno que no se ajusta al mundo exterior. Esto me ha permitido darme lo que he necesitado. He necesitado tiempo para sanar, para habitar mi dolor sin prisa, para dejar que haga su recorrido sin las distracciones habituales que lo sofocan antes de que complete su ciclo. Llorar sin necesidad de esconderme, tiempo para que mi mente aturdida deje de dispersarse en mil direcciones. Ya no logro hilar dos pensamientos seguidos. He podido quedarme en la cama hasta tarde los días en que mi energía quedaba reducida a unas cuantas migas. Caminar sin rumbo cuando el encierro se volvía insoportable, o simplemente sentarme en silencio con una taza de té caliente entre las manos, mientras observo tras la ventana. La fatiga poco a poco se ha acumulado en mis huesos y cada pequeño desafío me aplasta, como si la vida misma me hubiera desgastado hasta los cimientos.

Parece ser que, sin darme cuenta haya bebido de las aguas del Lete. Estoy perdiendo la memoria. No de golpe, no como en las historias trágicas donde todo se borra de un día para otro, sino de a poco, y deja confusión en su lugar. A veces repito tareas en un bucle absurdo. Otras veces, olvido cosas esenciales: la cena en el horno, una cita importante, el motivo por el que entré en una habitación. Pero lo que de verdad me aterra no es olvidar lo cotidiano, sino olvidarte a ti. ¿Y si un día no recuerdo el sonido de tu voz y tu risa? ¿Y si te desvaneces en las sombras del olvido? Tengo miedo de que el tiempo se convierta en un borrador cruel y vaya desdibujándote poco a poco, de quedarme perdida en el laberinto de las penas y caminar en círculos dentro de mi propio dolor sin encontrar la salida.

Ante la posibilidad de quedarme habitando en el fondo más oscuro de la memoria, decidí tomar cartas en el asunto. Así que busqué anclas que me mantuvieran presente. Me inicié en el arte de tejer atrapasueños, a ver si de paso alguno se quedaba enredado entre los hilos y se cumplía. Esto me ayudó, pero no era suficiente, se me estaban achicando el cuerpo y el alma. Aunque tenía la voluntad ausente y la pena me corroía el ánimo, busqué una actividad fuera de casa que me obligara a mantener la concentración. Comencé a ir a clases de pilates, solo dos veces por semana. La respiración consciente me anclaba cuando la mente amenazaba con dispersarse demasiado lejos.

Los primeros tiempos fueron un horror. Apenas podía respirar en aquel espacio cerrado lleno de gente. «¿Qué hago aquí?», me preguntaba, inmersa en mi propia batalla, mientras trataba de respirar con calma, en un intento irracional de vencer mi terror. Pero seguí. No porque me fascinara, sino porque necesitaba esa conexión entre el cuerpo y la mente que, aunque fue torpe al principio, con el paso de los meses mejoró.

Di un paso más y me matriculé en una escuela de escritura creativa con la intención de poder escribir este libro.

Me pregunté varias veces si solo era un impulso alocado o si estaba dispuesta a hacer el esfuerzo homérico que me supondría escribirlo; si en esta etapa de mi vida, semejante proyecto valdría la pena o quedaría guardado en el baúl de las cosas inútiles. Escribir un libro exige dedicación. ¿Me alcanzarán las fuerzas para llegar al final? ¿Qué clase de libro será este? No me lancé a escribirlo con la temeridad de quien ignora los riesgos;

en él vería expuesta la desnudez de mi alma y, a veces, esta sociedad es demasiado cruel ante lo desconocido. Hasta ahora no he compartido mi vida; es mi jardín, allí donde ni el amante más intruso se ha asomado.

Entre letras transcurrió el otoño y el invierno se dejó caer, avanzaba sin freno hacia una fecha que no sabía cómo enfrentar: la tan temida Navidad.

Desde mi infancia ha sido una época mágica; ahora la siento triste, un recordatorio punzante de lo que he perdido. Me duele ver las luces de Navidad, los Papá Noel, las tiendas de juguetes... Siento una pena demoledora, vasta como el desierto, pero no quiero que se apague la luz que estos días emanan de por sí, y que tú hiciste brillar más fuerte. Mantendremos tu recuerdo vivo en cada momento, en cada paseo bajo las luces, a cada segundo.

En estas fechas, Nora corría por la casa como un torbellino. Decoraba el árbol con más entusiasmo que orden, colocando las figuras del pesebre de manera que siempre pareciera una pequeña escena cómica:

—¡Mira, mamá, el ángel está cansado y se queda tumbado sobre la mula!

Esta Navidad es distinta, no habrá árbol; eso es un peso que aún no puedo cargar, pero los elfos, esos que tanto te gustaban, sí los pondré en tu rincón de juegos.

Los días se suceden más rápido de lo que me hubiera gustado, una carrera contra algo que no puedo detener. Busco una salida, pero todo lo que encuentro es el peso insondable de lo que está por llegar. Tengo miedo de que el dolor me desborde, de que las lágrimas no cesen. Temo no ser capaz de sostenerme, de que los recuerdos me aplasten. No sé si voy a poder soportar no oír que le cantas al Tió, un pequeño tronco de madera con ojos y boca, apoyado sobre dos minúsculas patitas, que llega a casa por sorpresa un poco antes de Nochebuena, ataviado con un gorrito rojo. Durante días se tapa con una mantita y se le atiborra de comida que, con destreza de ilusionista y malabares de juglar, los papás hacemos que desaparezca. En la noche del veinticuatro, mientras se le canta una canción tradicional, se le golpea con un bastón para que cague golosinas y pequeños artilugios que acaban olvidados por aquí y por allá.

No estoy segura de cómo voy a enfrentarme al día de Navidad, y mucho menos al de Reyes, sabiendo que la emoción que solía llenar la casa ya no estará. Sin oír tu griterío alegre al levantarte a toda prisa, con tu carita emocionada, corriendo a mirar qué habían dejado bajo el árbol. Mientras dabas saltitos y agitabas los brazos, decías: «¡Ha funcionado! ¡Ha funcionado!».

Cuando quise darme cuenta, ya estaba aquí. Llegó sin su pompa habitual. Pasamos esos días junto a la familia cercana, que nos acompañó con amor, sin protocolos ni exigencias. Mientras fingía estar bien para no esparcir la sombra de la tristeza sobre los allí presentes. Creo que todos hacíamos lo mismo. El lugar vacío de Nora lo ocupaba todo, más que cualquier presencia; nadie lo mencionaba, pero todos lo sentíamos.

En tu sitio de la mesa ahora arde una pequeña vela, junto a tu peluche de galleta de jengibre: Galleti, así decidiste que se llamaría.

Raúl nunca ha sido un hombre de Navidad. De niño le gustaba, de adolescente le parecían fiestas llenas de obligaciones. De adulto las soportaba por inercia hasta que nació Nora, que las hacía suyas. Su entusiasmo bastaba para los dos. Ahora que ella ya no está, solo son un vacío. Evitó salir, no quería ver nada que le recordara la fecha. Solo quería que pasara rápido, como una tormenta que arrasa pero que, al menos, no se queda demasiado tiempo. Pasó los días con una apatía que pesaba en el aire: miraba la televisión sin verla, contestaba con monosílabos, dejaba que las horas se consumieran sin oponer resistencia.

Para los dos fueron días de sobrevivir, de boquear aire como un pez fuera del agua.

Te lloré todos los días bajo un silencio escandaloso. Te esperé con la ansiedad de una novia, esperé oírte, un guiño desde el otro lado, una palabra, un mensaje, algo, lo que fuera que me ayudara a soportar la pena. No supe de ti, ninguna señal, nada. Sigues perdida en el silencio, o quizá yo ya no pueda oírte.

No sé cómo será la Navidad del próximo año, ni la de los años que vendrán. Sí sé que hoy lo único que puedo hacer es recordar, abrazar tu memoria y esperar que, en algún rincón del universo, tú también me estés abrazando.

Seguía enraizada en mi deseo de volver a ser madre. Las semanas pasaban entre pinceladas de esperanza que, poco a poco, se desdibujaban con el paso de los días, dejándome con la sensación de que habito en el vacío, en la nada, en una existencia fútil, atrapada en un tiempo suspendido, contenido en un compás de espera, donde el pasado duele y el futuro parece incierto.

Esa maternidad tan deseada, y que no acaba de llegar, me sumergía sin piedad en una ciénaga de penumbras. Por mucho que me esforcé, ninguna visión nocturna vino a darme una señal de lo que iba a suceder.

El reloj biológico amenazaba con un tic-tac cada vez más lento y la búsqueda se convirtió en una lucha encarnizada contra el tiempo.

Este deseo obsesivo que fue creciendo hasta adquirir proporciones aterradoras fue mi esperanza y mi tormento. Me declaré una guerra sin cuartel; hervía de ira contra mí. Comenzaron las autolesiones con la misma furia de un mar embravecido, como si el dolor físico pudiera acallar el otro, el que no tenía forma ni remedio. Ardía en mi propio infierno mental. La mente, cuando se enreda en la desesperación, se vuelve tu peor enemiga.

Me estoy ahogando de pena contenida, necesito volver a conectar conmigo antes de que lo único que quede por contar sea la locura. El alma tiene un lenguaje secreto que solo puede escucharse en el silencio.

Encontramos un lugar perfecto, o más bien parecía que nos esperaba: un pequeño y casi escondido rincón en la comarca de la Anoia, L'Astor, cuyo paisaje se limitaba a unas pocas casas y extensas praderas salpicadas de molinos de viento. No había más nada y, a la par, tenía todo lo que yo necesitaba. En aquella pequeña casa que alquilamos en medio de ese remanso de paz, pude alimentar mi alma. Desayunaba al sol, mientras oía el trino de los pájaros que cruzaban el cielo, el relinchar de los caballos en los pastos de enfrente y el ritmo de la sangre en mis venas. En las noches, el calor de la chimenea se mezclaba en el ambiente junto a la serenidad y el crepitar del fuego, y creaba una atmósfera perfecta para caminar por los vericuetos de mi mente y poder diluirme en el vacío donde nada y todo son a la vez.

Poco a poco, el silencio fue liberándome de la tensión acumulada de tanto bregar. Salíamos a pasear, caminábamos por senderos entre olivos y almendros en flor, bajo un cielo azul precioso, sin rastro de nubes. Al tercer día —o quizás fue el cuarto— flotaba en una nube de paz. Una tarde me senté bajo uno de esos magníficos almendros repletos de flores. Cerré los ojos y respiré hondo mientras sentía cómo se helaba el aire y se confundía el tiempo. Allí solté mi angustia como un saco de piedras y me deshice de todas las armas inútiles que había utilizado para defenderme, sin éxito, de los caprichos del destino. Había llegado a creer en todo tipo de rituales mágicos, portales lunares, talismanes, coincidencias de fechas... Tuve todo tipo de síntomas, reales e imaginarios, que lo único que confirmaban era mi fabulosa imaginación para luego dejarme con la resaca del mal humor durante varios días. Ya me cansé de matar dragones. Las lágrimas comenzaron a fluir por mi rostro y una profunda sensación de quietud invadió el espacio, como si lo más profundo de la tierra quisiera absorber ese nudo que me ahogaba.

Aquello que ocurrió bajo el almendro no bastó para superar el deseo de ser madre. Te mentiría si te dijera que sí, pero aflojó la tensión y sacudió las telarañas de la resignación. Al volver a casa, continué con ese viaje hacia adentro.

Comencé a abrazar la vida con un renovado aliento. Aprendí a quedarme quieta, a escuchar para poder distinguir entre la voz del miedo y la voz sabia que habita en el fondo de todo dolor. La ira, ese fuego voraz que consumía mis días, poco a poco se extinguió. Puse fin a las heridas autoinfligidas y comencé a vislumbrar una nueva forma de libertad, como una hoja que cae, no porque haya sido arrancada, sino porque ha llegado el momento de soltarse y dejarse llevar por el viento.

8. Dolor y duelo

Vivir la muerte de un hijo es una de las experiencias más dolorosas y desgarradoras que existen, un suceso devastador, un agujero negro que absorbe todo cuanto hay a su alrededor. Todos los cimientos de tu mundo caen: tus creencias, tu fe... Aparecen el miedo, la ira, la rabia, la culpa. Las cosas se vuelven de cristal, frágiles como suspiros.

Todos los proyectos, todas las ilusiones, todo lo que tenías para con él se desvanece y deja un profundo vacío emocional difícil de llenar. La soledad se adhiere a la piel. Te sientes solo incluso en medio de compañía como si, a pesar de estar rodeado de gente, ninguna voz y ningún gesto, pudieran llegar a ti.

A nuestro lado tuvimos familiares que no nos dejaron desfallecer, corazones que latieron junto al nuestro, en medio de esa pena compartida. Llegaban con palabras amables, abrazos que decían más que mil discursos, manos cálidas que apretaban las nuestras con la fuerza precisa para mantenernos a flote durante esta etapa tan oscura. Y estaban también las amigas del alma, compañeras de todos los tiempos, que tejieron con paciencia infinita esa red invisible que me sostuvo cuando todo parecía venirse abajo. Nuestros encuentros eran vitaminas para el alma, como una pequeña luz que se abre paso en la noche más densa. Nos reuníamos a comer, a contarnos las pequeñas anécdotas de la vida, a reír con chismes inocentes y a recordar que aún quedaban motivos para sonreír. Eran momentos de desconexión, pequeños oasis de normalidad dentro del dolor, y yo podía, aunque fuera por un ratito, volver a sentirme viva en medio de la muerte. A veces pienso que, sin esos encuentros, me habría perdido en los laberintos del duelo, convertida en sombra entre sombras. Ellas, la familia, esos amores que no se anuncian pero están, fueron mi ancla. No hacían preguntas que dolieran, no exigían respuestas que no podía dar. Solo estaban. Y en su presencia, en medio de platos compartidos, risas suaves y miradas que no juzgan, empecé a entender que uno no sobrevive al dolor, sino que aprende a caminar con él, de la mano de quienes aman sin condiciones.

Aunque siempre me acompaña un capataz invisible —una sombra severa y despiadada que no descansa—, látigo en mano, vigilante, atento a cualquier desliz de alivio, a cualquier signo de tregua. Su voz no es más que un eco de mi propio juicio, pero retumba con la fuerza de un tribunal sagrado: «¿Cómo puedes estar bien si hace tan poco que tu hija partió? ¿Qué haces ahí afuera, hablando, sonriendo incluso? Deberías estar aquí, hundida, llorando, rota». Solo me faltaba el látigo y el cilicio de puntas metálicas apretado contra la carne para completar la ceremonia de la mortificación.

También hubo días en los que me hubiera gustado volverme invisible a voluntad, poder esconderme del mundo. Después de encuentros y conversaciones, volvía a casa con la sensación de haber gastado todas mis fuerzas en mantener una apariencia. Eran verdaderos torneos de resistencia. No era solo un cansancio físico, era un agotamiento feroz, una fatiga emocional que me vaciaba por dentro.

Más de un año tardé en atreverme a entrar en la casa de mi madre. No era la casa en sí lo que me intimidaba, sino los recuerdos que anidaban dentro, como pájaros dormidos que, al menor movimiento, podían alzarse en bandada y herirme con sus alas. Mi madre me esperaba con paciencia, pero yo no podía enfrentarme a eso. No todavía. Nunca había estado allí sin Nora. Desde que nació, aquel espacio había sido suyo, casi tanto como de mi madre. Ella se mudó desde León apenas la niña vino al mundo y esa casa se transformó en un santuario silencioso de rutinas compartidas: meriendas con galletas, juegos de mesa, cuentos al caer la tarde. Estaba impregnada de su risa, de sus pisadas ligeras, de su voz contando historias que ya no volverían. «Cuando puedas», me decía mi madre.

Aprendí a respetar mis propios tiempos, sin presiones ni expectativas. Hasta que un día, sin preámbulo ni anuncio, pude. Al abrir la puerta, el olor de siempre me golpeó y el silencio me asustó. No había risas, ni estabas escondida bajo la mesa esperando a que pasara por delante para darme un susto. Solo estábamos la casa, yo, y todos mis demonios enfrentándonos por primera vez. Avancé con cautela, como si pisara tierra sagrada.

Cada objeto parecía mirarme con ojos antiguos: los cojines bordados por mi madre, el marco con la foto en la estantería, los dibujos que alguna vez hiciste y que aún colgaban como pequeños milagros descoloridos. Todo estaba igual, pero nada era lo mismo. Tu ausencia había modificado la geometría del espacio. Hasta el aire parecía distinto, más denso, como si conservara en suspensión cada palabra que ya no dirías. Me senté en el sofá, ese donde tantas veces nos acurrucamos, y dejé que el llanto me encontrara. No hice nada por evitarlo. Ya no. Era un llanto antiguo, contenido, que no nacía del presente sino de todos los días en que fingí estar entera para no asustar a los demás. Lloré por ti, por mí, por lo que fue y lo que no será. Por todas las tardes que no volverán y por todos los sustos que ya no me darás escondida bajo la mesa. Mi madre se sentó a mi lado, sin romper el silencio, respetando mi duelo como se respeta un ritual. Entonces supe que había dado el primer paso.

Tu abuela está cansada, Nora, le pesan los años y, durante estos meses de sufrimiento, no deja de preguntarse por qué la vida le ha arrebatado a su nieta y la ha dejado a ella aquí, atrapada en una existencia que ya no desea. Siente que su vida ha perdido todo el sentido.

Me pregunta:

—¿Qué propósito tiene mi vida ahora?

—No lo sé, mamá. Me gustaría tener todas las respuestas, pero con dificultad puedo encontrar alguna. Tal vez no se trata de encontrar respuestas, sino de aprender a vivir con las preguntas —dije en voz baja.

—Antes tenía razones para levantarme cada mañana. Ahora... —Su voz se quebró—. Ahora me despierto sin saber por qué sigo aquí.

Yo la observo y en su tristeza adivino la mía. Somos dos mujeres heridas, sostenidas por la memoria de una niña que nos dio sentido.

El dolor la ahoga y la sensación de que la vida solo le ha traído sufrimiento la persigue. Pero, aun así, algo dentro de ella busca respuestas. No sabe qué será ni si lo encontrará. Solo sabe que, por algún mandato misterioso del universo, sigue aquí.

Me pasé los primeros tiempos a punta de ansiolíticos y pastillas para dormir. Después, poco a poco, fueron sustituidos por algo más sutil: la homeopatía, la terapia neural y las flores de Bach. El duelo es un territorio sin mapas y cada uno encuentra su ruta en la penumbra.

Así y todo, no puedo dejar de desear que pase rápido, que alguien con un gesto misericordioso me devuelva a la normalidad, como si existiera una varita mágica que pudiera recomponerme. Pero sé que no hay atajos. El dolor debo atravesarlo con los pies descalzos, sintiendo cada piedra en el camino. La farmacia, con sus frascos alineados como soldados, no tiene respuestas. No hay píldoras para remendar el alma ni ungüentos que borren la ausencia.

Comprendí que el dolor no quería ser vencido, sino reconocido. Que no se trataba de plantarle cara como a un enemigo, sino de permitirle existir, darle el espacio que necesitaba para ser vivido. Intentar sofocarlo solo lo hacía más feroz, como una bestia acorralada que lucha con más violencia cuanto más se le niega la salida. Recuerdo esos días en los que me senté con el dolor, con el corazón roto por la tristeza y lloré, lloré hasta que no me quedaron lágrimas. Luego lloré un poco más. El llanto fue mi salvación, un acto liberador que vació mi cuerpo de la tensión acumulada.

El duelo se despliega a su manera, avanza y retrocede, a veces da tregua y otras embiste con la misma intensidad del primer día. No hay lógica en su vaivén, solo un oleaje caprichoso que me arrastra sin preguntar si tengo fuerzas para resistir. En ocasiones, creo haber conquistado un poco de paz, pero entonces, sin previo aviso, una imagen, una canción, una palabra cualquiera hacen que el dolor se despierte de su letargo, y ahí está de nuevo, rugiendo dentro de mí. Comprendo que no puedo apresurar su marcha ni negociar sus términos. Lo único que me queda es cederle el espacio que exige y dejar que me atraviese con toda su crudeza.

En los momentos de mayor angustia, cuando el alma parecía desgarrarse de puro desconsuelo, encontraba un alivio en las fotos y vídeos de Nora. Era un alivio extraño, casi cruel, como un vino dulce servido en copa rota: mientras las lágrimas caían con vida propia, brotando sin permiso, una sonrisa temblorosa se abría paso. Su risa atrapada en un vídeo, el brillo de sus ojos detenidos en una imagen tenían el poder de tocarme desde el otro lado del tiempo, como si aún pudiera estirar la mano y rozar la tibieza de su vida. Aquellas imágenes no eran solo recuerdos; eran pequeños embrujos, instantes robados a la muerte, donde ella seguía existiendo un poco, todavía.

Para Raúl, en cambio, era algo insoportable. Mientras yo buscaba refugio en los recuerdos, para él eran un golpe seco, un recordatorio brutal de lo perdido. Cuando el peso de la nostalgia se le hacía insufrible, se refugiaba en la soledad, buscando un rincón donde su propio dolor pudiera respirar sin testigos.

También creábamos momentos amorosos juntos, los dos en el sofá, abrazados, callados, sintiendo el calor del otro. Momentos que reconfortan el alma. Nunca habíamos estado tan unidos. Llevamos diez años juntos y todavía siento por él la misma indefinible alquimia del primer día, una atracción poderosa que el tiempo ha matizado con otros sentimientos, pero que sigue siendo la materia primordial de nuestra unión. No sé en qué consiste ni cómo definirla, porque no es solo sexual, aunque así lo creí al principio. Nos conocimos en el hospital donde ambos trabajábamos; este se convirtió en el escenario silencioso de un encuentro que, en apariencia fortuito, resultó ser el preludio de algo mucho más profundo. Recuerdo cómo nuestras miradas se encontraron por primera vez en el pasillo, entre el constante ir y venir de pacientes y médicos. Era un día cualquiera, pero, en ese instante, el bullicio se detuvo y el tiempo pareció dilatarse. Cada vez que cruzábamos nuestros caminos, sentíamos esa chispa, esa inexplicable atracción que no solo era física.

Él sostiene que somos almas gemelas y que llevamos reencontrándonos durante vidas; no tengo constancia de eso. Nos casamos y comenzamos un viaje que nos regaló momentos de infinita dicha, pero también nos enfrentó a desafíos inesperados. Cada día era una mezcla de orden y desorden, de triunfos y tropiezos, pero siempre sabíamos que podíamos contar el uno con el otro. La pérdida de nuestra hija marcó uno de los capítulos más dolorosos de nuestra existencia. En esa tristeza compartida nos encontramos a un nivel más profundo, desnudos, sin defensas. Incluso en medio de ese duelo abrumador, emprendimos juntos el arduo camino de la sanación. Somos dos luchadores impulsados por la misma clase de energía. En momentos de flaqueza, cuando uno pierde el rumbo, el otro le endereza el timón. También hay un componente espiritual que tira con fuerza cuando a los dos nos derrota la pena. Hoy, mientras recorremos este camino juntos, reconozco que la alquimia de nuestro vínculo se nutre tanto de lo visible como de lo intangible. He descubierto que la verdadera unión no se mide por la ausencia de dolor, sino por la capacidad de encontrar luz en medio de la penumbra y de reinventarnos una y otra vez.

En esta sociedad moderna, tan ruidosa y apurada, no hay espacio para el duelo. Vivimos de espaldas a la muerte, como si negarla pudiera alejarla. Todo está hecho para seguir adelante sin mirar atrás, con una sonrisa pintada y la obligación de ser fuerte; todo te pide a gritos que la escondas, viéndola como algo incómodo o perturbador que debe evitarse o superarse rápido. Por eso, existe una tendencia a minimizar el duelo, a esperar que quien sufre «vuelva a la normalidad lo más pronto posible». Y así, uno se encuentra caminando por un territorio con el mapa de un mundo que los demás prefieren ignorar. Todos oímos el silbido de las balas, pero creemos que nunca nos alcanzarán, que somos inmunes y solo hay cabida para la juventud, la alegría y la vida eterna. Nos olvidamos, con una mezcla de arrogancia y miedo, de que todos vamos hacia el mismo lugar. La muerte, con su andar paciente, no necesita apurarse.

Cuando me preguntan «¿Cómo estás?», siempre hay un segundo de vacío en el que mi boca se adelanta al corazón y sin titubear dice un «bien» o «voy haciendo». Es una respuesta automática, una máscara que coloco con cuidado porque sé que la verdad, la cruda y desgarradora verdad, no cabe en la conversación casual.

He aprendido a no detenerme demasiado en esa pregunta. El duelo no se acomoda a las palabras comunes, no entra en los pequeños intersticios de la vida cotidiana. A veces, pienso que los demás temen la respuesta tanto como yo temo darla, no es que no les importe, es que no saben cómo lidiar con el peso de una respuesta sincera: hay una incomodidad palpable, a menudo te apartan la mirada o hay un cambio de tema rápido.

Decir que estoy bien es más fácil, más rápido, menos violento para los demás y también para mí. Porque si me permitiera contestar con el corazón abierto, temería desmoronarme ante los ojos de quienes no están preparados para sostenerme.

Por otro lado, están los que en su afán de hacer que el dolor desparezca lanzan un coro de opiniones no solicitadas y consejos no pedidos, que lejos de ofrecer consuelo, solo agitan el avispero. En esos momentos, dejaría caer sobre ellos una granizada de blasfemias de bucanero mezcladas con modales de salvaje.

Las supuestas palabras de consuelo suenan huecas, llenas de clichés bienintencionados, pero vacíos de verdadera comprensión. Ruido y más ruido.

—Si me pasa a mí, me muero —dicen algunos con aire de tragedia.

—¿Ha pasado un año y aún estás así?

La pérdida no entiende de calendarios ni de plazos. El tiempo no es un remedio, ni un medidor del sufrimiento. Un año puede ser solo un suspiro cuando se está aprendiendo a vivir con la ausencia.

—Bueno, aún puedes tener otro.

Una vida no se reemplaza con otra. No se trata de tener más hijos, se trata de mi hija, ese ser que existió y ya no está. Tener otro hijo no borra la memoria, ni restaura lo que he perdido. En mi caso, también se sumó: Eres mayor para tener otro.

—Ahora está en un lugar mejor.

La verdad es que no lo sabemos. Lo que sé es que aquí siento su ausencia con todo su peso.

—Ve a trabajar, así te entretienes.

¿Entretenida? No puedo evitar la ironía amarga que me invade. El trabajo puede ocupar mi tiempo, pero no es estar ocupada lo que necesito, necesito permitirme sentir, procesar y sobre todo ser humana en medio de todo esto. Esa ausencia no se llena con entretenimiento, ni con rutinas, ni con nada que el mundo pueda ofrecerme.

También hay quien en su atrevimiento me dice que el tiempo lo aliviará todo, que el dolor se desvanecerá como niebla al sol, pero la verdad es menos amable y mucho más compleja. El tiempo no cura por sí solo. El tiempo es solo eso, una sucesión de días, horas, segundos.

La verdadera sanación no viene con el calendario, sino con el trabajo silencioso del alma. Cuando dejamos de esperar que el tiempo haga su trabajo y empezamos a hacer el nuestro. Cuando, aun temblando, decidimos participar en nuestra propia reconstrucción.

Pero lo más desconcertante, sin duda, es la arrogancia con la que algunos se atreven a ofrecer soluciones al dolor ajeno, como si tuvieran una receta mágica para atravesar el duelo. Hay quien me mira con ojos serios y suelta sus «deberías» o sus «yo creo que», como si hubieran caminado este sendero alguna vez y conocieran el lenguaje secreto de la tristeza. Creen con seguridad que el dolor de una pérdida puede ser aliviado con unas cuantas palabras o algún tipo de ritual. El mundo insiste en empaquetar mi pena en un formato que le sea cómodo.

Cada una de estas palabras, pronunciadas sin ton ni son, son como quemaduras en un intento torpe de reconfortar.

Otra carga no visible que el duelo trae consigo como un lastre es el peso de tener que dar cuentas de cada acto. La sociedad ha trazado una lista invisible de comportamientos permitidos para alguien que sufre. He oído sus comentarios y sentido sus miradas, una mezcla de desconcierto y desaprobación, como si les pareciera que no sufro lo suficiente, o que no lo hago como se espera. Me pregunto con una mezcla de desazón y rabia: «¿Qué esperan que haga?». No comprenden —¿cómo podrían?—

que cada paso que doy, cada gesto, incluso los más triviales, es un acto de resistencia. Ir al gimnasio con el cuerpo entumecido por la pena, sentarme a la mesa como si el hambre no se hubiera marchado contigo, reír —sí, reír— cuando la risa llega como una visita inesperada, es mi manera torpe y valiente de seguir aquí, es parte de mi lucha diaria, una manera de sobrevivir, de aprender a vivir en este mundo donde una parte de mí ya no está.

Con todo esto me invade un cansancio profundo. He aprendido a escuchar con una sonrisa vacía, a asentir sin decir nada. Al final, y después de todo, lo único que de verdad sirve es el amor y el cariño de quien estuvo ahí, a mi lado, remando conmigo. El resto se arroja por la borda, no es esencial para navegar.

9. El tiempo en espera

17 de febrero de 2024...

Hemos llegado al primer aniversario de tu muerte. He pasado este año entre lágrimas y recuerdos, he sentido tu ausencia como un dolor agudo, un flechazo en el pecho que a veces me ponía de rodillas. Sigo viva, gracias al cariño de la familia, a nuestro apoyo y amor mutuo, y a mi corazón de leona que, junto a mi espíritu de guerrera, me ha ayudado a ponerme en pie una vez más. Este año ha sido una batalla constante contra la pena, pero también ha sido un aprendizaje profundo sobre la fortaleza que nunca supe que tenía. Me has dejado una herencia invaluable: el coraje de seguir adelante, la capacidad de amar sin límites y la compresión de que cada momento, por más fugaz que sea, tiene un significado profundo.

Era un día cualquiera, uno de esos en los que la rutina sigue su curso habitual. Por la noche, Raúl y yo conversábamos tranquilos en el sofá, manteníamos uno de esos diálogos que florecen entre los que se conocen de memoria. De repente, sin aviso alguno, un perfume inesperado llenó el aire, invadía la sala con el dulce y melancólico aroma de flores blancas. Me recordaba al olor de las gardenias, flotaba en el aire suave y persistente. Nos miramos sin decir nada, sorprendidos. Las ventanas estaban cerradas y sabíamos que no había ramos en la casa ni jardines cercanos. Sin embargo, el aroma estaba ahí, tan claro y sorprendente como un grito. Yo solo pude sonreír, hay cosas que se escapan a la razón, que no necesitan ser comprendidas.

El invierno se había alargado más de lo debido, como esas visitas que nadie invita, pero se acomodan en el sillón con la confianza de un viejo pariente. Cuando por fin se fue, dejó paso a la primavera... y con ella llegó otro cumpleaños sin ti. La casa estaba quieta, en silencio. No hubo risas, ni pastel, ni abrazos de familia, solo papá y yo. El dolor es menos punzante que en el anterior, pero sigue aquí, enraizado en el pecho. Colocamos un precioso ramo de flores rosa y blanco al lado de tu fotografía. Mientras encendía una vela sencilla, pequeña y blanca, te sentía a mi lado. Y entonces ocurrió: la llama titiló apenas y se apagó. No hubo corriente de aire, ni un gesto torpe de mis manos. Fue como si unos labios diminutos hubieran soplado con suavidad sobre ella. El corazón me saltó del pecho. Sé que fuiste tú, haciéndome saber que no estabas lejos. De mi boca brotó una sonrisa, una sonrisa entre la tristeza, el peso de la ausencia y una extraña sensación de alivio.

Mientras las rutinas que había construido se asentaban a mi alrededor como un nido cálido brindándome seguridad y refugio, la vida me negaba la oportunidad de una nueva maternidad. Los engranajes del reloj biológico continuaban oxidándose, perdiendo su precisión.

Fui a una primera y a una segunda visita. Me anunciaron que no podía cumplir esa aspiración por los medios habituales. Me adentraba sin remedio en el laberinto de lo improbable y debía recurrir a los inventos de la ciencia y la tecnología.

A pesar de que las palabras de la doctora tuvieron peso atómico y de las dificultades que coloreaban la realidad, no podía renunciar. Pero en esos momentos tampoco estaba dispuesta ni preparada para someterme a la paliza de un tratamiento de fertilidad. Entre lágrimas, llamé a mi hermana. Su respuesta fue: «No te preocupes, la ciencia llega hasta donde llega y después está Dios». Me quedé con eso, aunque la esperanza me fallaba.

Unas horas más tarde teníamos visita en un centro de fisioterapia en Barcelona para una dolencia física. Las del alma se curan en otra parte. Estaba acostada en la camilla mientras la fisioterapeuta —por razones de prudencia elemental voy a cambiarle el nombre, digamos que se llamaba Lía— hacía su trabajo. Manteníamos una de esas conversaciones ligeras que surgen cuando no quieres profundizar demasiado en nada. Cuando el silencio ocupó el espacio, Lía se quedó con la mirada perdida, como quien se muere por contar un secreto y no puede. Hasta que por fin soltó: «¿Vosotros no buscáis un embarazo?».

Un instante de asombro me dejó sin palabras. La miré como si hubiera visto una aparición mariana y no hubiera sido ella quien formulara la pregunta, no porque fuera inapropiada, sino por el momento y la forma en que llegó. No parecía una pregunta de mera curiosidad.

—No sé ni qué responderte —le dije. Aquello que en apariencia sonaba tan simple, llevaba consigo un peso inmenso—. ¡Sí! Pero justo esta mañana, antes de venir, nos ha pasado esto... —le expliqué todo lo acontecido.

—Envíame la analítica y se la enseño a un compañero que hace PNIE (Psico Neuro Inmuno Endocrinología), a ver qué le parece, y si ve que te puede ayudar, os llamará.

Nos pareció que esa era la señal que esperábamos.

Pasaron varios días, puede que fueran seis o siete, si no me falla la memoria, cuando hicimos una primera visita. No solo tengo fe en lo divino, también en lo humano. Comenzamos un plan de dietas, suplementos naturales, antioxidantes, vitaminas...

—¡Venga, tenemos que seguir remando! —me dije, a la par que me preguntaba si en alguna ocasión iba a encontrarme la ruta pavimentada. Después de todo, hubiera sido bonito habérmela encontrado y no tener que estar arando el duro y pedregoso camino de la incertidumbre. Al menos, esta vez no salí de allí con la sensación de que a todos les parecía que ya estaba en el umbral de la sepultura.

Ahora el futuro se mostraba como un caleidoscopio de espejos desordenados donde todo podía ocurrir.

Entre tanto, conocimos a una vidente. Me la presentaron como Dulce María; debe tener unos ochenta años, *botérica* en su aspecto, como esas exuberantes mujeres que solo Botero podía imaginar. Se sentó frente a nosotros con una calma inquebrantable y un cansancio que hacía honor a su edad. Sin decir una palabra, puso sus manos sobre las mías. No conocía nuestra historia, no sabía nada de lo que había pasado, sin embargo, de repente me las soltó, dio un golpe en la mesa rompiendo el silencio y dijo:

—¡Esta niña va a volver! ¡Me dice que vuelve!

Esa frase no era una mera casualidad; el mensaje era similar al que nos diste cuando te habías ido, mezclado con otros matices.

—La vida te pide que te levantes —continuó—, que te reconstruyas porque lo que está por venir es grande, mucho más grande de lo que imaginas.

Salí de allí mareada, sentí como si todo el aire me hubiera sido arrebatado en un instante. Nos fuimos a un bar cercano en un intento de hallar algo de calma. Elegimos una mesa junto a la ventana y pedimos una infusión relajante. Entre sorbos y silencios comenzamos a hablar:

—¿Qué te ha parecido? Otra vez nos dicen que vuelve —dijo Raúl.

El vapor de la infusión subía en espirales, como si quisiera enredarse en mis pensamientos. Tomé un sorbo y dejé que el calor me llenara, no solo la garganta, sino también el pecho. No tenía una respuesta absoluta, pero la verdad siempre se presenta envuelta en brumas.

—Es su alma la que vuelve. No es Nora quien regresa. No podemos confundirnos. No podemos aferrarnos a la idea de que será ella tal como la conocimos. Sería un error.

Él levantó la vista.

—Si su alma vuelve, es ella, ¿no? —dijo con una voz que apenas era un susurro, como si temiera que, al decirlo en voz alta, desataría fuerzas invisibles.

Cerré los ojos por un instante, sintiendo el peso de sus palabras. Era verdad, no era Nora, pero de alguna manera sí lo era.

—No sé cómo se gestiona esto —murmuré—. Y del resto de cosas que ha dicho hay que quedarse con lo justo.

Se pasó las manos por el rostro. Gesto de agotamiento, de incredulidad.

Terminamos nuestras infusiones en un mutismo casi ritual. Luego nos levantamos sin prisa, salimos de allí y regresamos a casa, cada uno sumido en sus propios pensamientos.

Una noche de finales de agosto, de pie, al lado de mi cama, apareció una niña con el pelo color de fuego y piel blanca. Nos miramos por unos tres o cuatro segundos. Le pregunté:

—¿Quién eres? —Me sonrió y desapareció. Me dormí con un pellizco en el corazón y la semilla de la duda germinando. ¿Será la niña que estaba por venir, tal y como Nora había anunciado poco después de su muerte?

Esto me dejó en un elevado estado de ansiedad. Había un sentimiento de frustración, arrastrado por mucho tiempo, y yo ya no tenía la certeza inconmovible que caracteriza a quienes reciben mensajes provenientes del universo.

Mientras, con el alma suspendida en un hilo, esperaba que se cumplieran esas premoniciones que supuse podrían ocurrir pronto. Invocamos entre la familia todos los recursos mágicos que conocíamos. Nada de máscaras terroríficas ni sangrientas cabezas de gallina en un ritual bajo la luz de la luna llena. Cosas sencillas, como una humilde vela blanca y peregrinaciones a las distintas ermitas situadas en los diferentes puntos geográficos donde viven. Mi madre subió hasta la ermita de la Virgen de Carrasconte, en León; mi hermano Abraham, con mi cuñada Blanki, fueron a ver a la Virgen de Covadonga, en Asturias; Pe peregrinó hasta la ermita de la Virgen de la Cabeza, en Jaén; Alberto, como buen montañero que es, visitó a la diosa de la montaña en la Cueva de Aguar; y Susi, creo que solo rezaba.

Mucha fe, hija, pero después de todo, ya sabemos lo que se dice por ahí: «Los tiempos de Dios son perfectos». Cuántas veces durante este camino habré oído esa frase, y no seré yo quien la ponga en duda, aunque a veces esos tiempos me parezcan una espera infinita, una broma cruel. Porque, ¿qué sabe Dios de la impaciencia o de la desesperación de esperar algo que parece no llegar nunca? Pero dicen que su reloj no falla, que su reloj es más sabio que nuestras prisas humanas.

Yo no sé si es cierto, mi niña, pero te confieso que he aprendido a respirar hondo y a escuchar el susurro del viento, como si en él pudiera encontrar las respuestas que mi corazón no entiende. Porque si algo he descubierto en esta vida, y lo he aprendido con las cicatrices de la espera, es que la paciencia es una lección dolorosa. Es el arte de quedarse quieto cuando todo en nosotros pide correr, de mantener la fe incluso cuando los sueños parecen alejarse.

Por esas bromas pesadas del destino, en ese mes no se cumplió. Recibí el planchazo de la desilusión, ya sin lágrimas, porque las había vertido todas. Me habían fallado los sueños.

—¿Cuál era el camino que debía seguir? ¿Qué era lo siguiente que debía hacer?

De nuevo pido recibir una señal, pero tengo las antenas mustias.

El tiempo transita lento y en calma. Ahora mis días transcurren con los ojos fijos en un horizonte que, a menudo, se desdibuja como una fotografía fuera de foco, y entre las líneas de este libro. A veces me pregunto si escribir no será, en realidad, la forma más pura de rezar: una comunión de palabras, un intento de atrapar la esencia de los que hemos perdido y devolverles un lugar en el mundo que todavía habitamos.

Al escribir sobre Nora, mantengo vivas las partes de ella que no podían perecer. La traigo al presente, permitiéndome acariciar su recuerdo con palabras. Le doy voz, le doy forma, y ella me acompaña en cada palabra, en cada línea. Un tributo que hago con mis palabras para ella.

Era una tarde suave; caminaba sin prisa, como siempre, arrastrando pensamientos sin orden ni lógica. Atravesaba el parque donde solíamos ir a jugar, y de repente, como un suspiro de la naturaleza, apareció una mariposa blanca. Revoloteó a mi alrededor y, con esa delicadeza que solo ellas poseen, se posó en el dorso de mi mano. Me quedé contemplándola, sin atreverme a moverme, con el temor de que cualquier gesto pudiera romper la magia del instante. Cuando comencé a caminar de nuevo, levantó el vuelo. No voló lejos, se detuvo en la valla que estaba unos pasos más adelante, como si me esperara. El corazón se me aceleró sin saber por qué. Cada vez que me acercaba, ella volaba un poco más y volvía a pararse, esperando a que la alcanzara. Cuando llegué a mi destino, con un último aleteo, se elevó hacia el cielo. Esa danza no era casual. Había algo más en ella, algo que tocaba las fibras más sensibles de mi ser.

Mi niña, mi mariposa blanca.

Después de aquello, la tarde siguió desplegándose con más señales. Volvía de Girona en coche, y mi cabeza vagaba por esos momentos menos dulces de la maternidad, esos de amor y caos que no se mencionan en los cuentos ni en las fotos familiares, pero que se graban con intensidad. En medio de mi ensoñación, apareciste de nuevo, tan fugaz como en otras ocasiones. Tu brazo, con las pulseras de hilo de colores que siempre llevabas, rodeaba mi cuello con la misma suavidad con la que lo hacías en vida. Tu cabecita se apoyaba contra mi pecho, con la intención muda de calmarme, de decirme: «¡Ya está, mamá! ¡Eso ya pasó!». El abrazo fue breve, pero suficiente para recordarme que, aunque tu cuerpo ya no estaba, tu alma seguía acompañándome, tan presente como el aire que respiro, dándome fuerza para seguir adelante.

En la intimidad de mis pensamientos, siento que el duelo ha empezado a tomar otra forma. Las asperezas de la pérdida se han ido redondeando, como las piedras que el mar, paciente y eterno, pule en la orilla. Ya no siento aquella punzada que me atravesaba el pecho cada vez que recordaba su risa, sus gestos, las pequeñas cosas que compartíamos y que ahora guardo con devoción como un tesoro. Ahora esos recuerdos llegan como una brisa suave, con la melancolía que acompaña esos momentos que sé que no volverán. He dejado de vivir en la niebla cerrada del primer año, cuando todo era gris e impenetrable.

De alguna manera, he aprendido a habitar la tristeza sin que me asfixie, permitiéndome redescubrir la alegría en las cosas sencillas, en los detalles que hasta hace poco pasaba por alto. Hay una claridad que empieza a asomar, tímida, una quietud que aún exploro con cautela, como quien camina sobre terreno desconocido y prueba cada paso.

El verano exhaló su último aliento y las hojas de los árboles ya vuelven a caer, danzando al ritmo de un viento que huele a tierra húmeda y promesas de nostalgia.

Durante varios meses, el ciclo se había repetido: ilusión, esperanza..., para luego sacudirme el golpe de la dolorosa verdad, mientras el corazón se me escapaba en anhelos y la ansiedad enredaba mi mente.

Empezaba a desesperar. Me planteé recurrir a la ciencia. Esta vez fue Raúl quien no quiso escuchar mis razones. Lo suyo era la certeza de quien ha visto un árbol caer mucho antes de que la madera empiece a rugir, y seguía arraigado en la convicción de que ocurriría de forma natural. Para mí, era dar vueltas sobre el mismo sitio, como un perro mordiéndose el rabo, sintiendo que mis escasas posibilidades menguaban mes a mes. Insistí alguna vez más con la intención de desarmar su fe inquebrantable en la vida, pero mis palabras solo desencadenaban un torrente de motivos por los cuales, según él, no podía ser así.

—¡Solo necesitamos uno, nada más! —me decía.

Yo carecía de esa frescura de la gente que confía en la vida y cada vez que oía esa frase se levantaba dentro de mí un furioso oleaje de incomprensión. Me sentía igual de sola que si me hallara en la luna.

Era posible que hubiera llegado al final de ese tortuoso camino. Me pareció que, después de todo, esa aspiración no estaba en mi destino, y debía arrancarme de raíz la ansiedad de ser madre para poder seguir viviendo. Dejando en su lugar una tristeza callada que se mezcla con mi pena anterior, en una suerte de resignación amarga. Pero cuando el peso de la resignación se vuelve insoportable, mi corazón parece rebelarse y, con el último aliento, me regala esa pequeña chispa de esperanza que insiste en brotar como una semilla obstinada entre las piedras. Un anhelo que me negaba a apagar del todo. Con un hilo de fe que no se rompía, por frágil que pareciera, me sostenía en una creencia casi irracional: quizás, solo quizás, aún había una posibilidad.

Y en ese vaivén de ilusiones y desencantos, encontré la paz suficiente para seguir adelante. A veces el destino se toma su tiempo porque nosotros también estamos en proceso. Sin darnos cuenta, nos prepara para recibir lo que tanto hemos anhelado, con el corazón dispuesto y un espíritu en calma.

Así que aquí estamos, confiando en que, de alguna manera, las manos invisibles del universo están tejiendo algo más grande de lo que podemos imaginar.

10. Circunstancias

El día llegó sin piedad, como un verdugo implacable que ejecuta la sentencia sin titubeos.

La notificación estaba ahí, fría y oficial; anunciaba el fin de mi baja médica y mi inminente regreso al trabajo. Un papel sin alma, apenas unas líneas mecánicas que ignoraban el torbellino de emociones que desataría en mi interior.

Raúl ya había tomado su decisión. No volvería. Había concluido que su tiempo valía más que estar atado a un escritorio, donde recibía la ira ajena y escuchaba reclamaciones con la paciencia de un santo al que nadie veneraba. Pero yo navegaba en aguas confusas, sin rumbo ni refugio, aterrada por pensamientos catastrofistas.

Pensé en Raúl, en su libertad recién conquistada. Pensé en mí, encadenada a un lugar que me había roto.

Al leer la nota, lloré en silencio, no con la delicadeza de quien suelta unas lágrimas de resignación, sino con la desolación de quien se sabe atrapado.

Estábamos en la cocina, yo con una taza de té entre las manos, él con la mirada fija en algún punto impreciso del suelo.

—¿Por qué no te coges una excedencia? —me preguntó.

Fuera, la lluvia golpeaba los cristales con la insistencia de un amante despechado y en la pared el reloj avanzaba con su constante tic-tac esperando mi decisión.

Asentí.

—Sí. No puedo volver. No así. No ahora.

Me miró con esa mezcla de comprensión y ternura que compartíamos.

—Piénsalo, solo quiero que estés segura —dijo.

—Segura no estoy de nada. Pero lo que sí sé es que, si vuelvo, me voy a romper.

Raúl suspiró.

—Lo sé.

—Tampoco quiero tomar esto como una huida. Es solo... una pausa. Quizá unos meses basten para hallar respuestas, o al menos para formular las preguntas correctas.

—Llamémoslo como quieras. Lo importante es que lo hagas por ti.

—¿Y si después de la excedencia sigo sin querer volver?

Se encogió de hombros.

—Pues no vuelves —dijo con la naturalidad de quien ya había tomado la decisión y vivido para contarlo.

Firmé la solicitud con la mano más firme de lo que esperaba. No era una huida. Era un acto de supervivencia.

Después de esta conversación, mi mente, que es un animal indómito, en su insaciable vagabundeo ha decidido ensañarse con esa mujer del servicio de urgencias que se ha convertido en el eje involuntario de mis desvelos. Ruego en secreto que sufra un accidente mortal, un mal fulminante. Un destino que le arrebate la vida sin previo aviso. Me descubro imaginando la escena con una claridad morbosa, con una intensidad que casi me asusta.

Y en ese instante, mientras la idea flota en el aire como un perfume amargo, me doy cuenta de que lo que me atormenta no es su existencia, sino la sombra que ha dejado en mí.

El diecisiete de febrero se cumplió el segundo aniversario de tu muerte. Ya no estoy atrapada en el dolor de tu ausencia, aunque aún con frecuencia debo recolocar la carga para seguir adelante sin caerme. Los días se suceden, uno tras otro, mientras dentro de mí se entrelazan los lamentos del alma y su serena alegría, entre señales que indican que no andas lejos, y la mente terca y curiosa que teje preguntas que se enredan unas con otras, mientras la vida se despliega con las dificultades normales de la existencia.

Un día miraba las páginas de uno de tus álbumes de fotos, pasé los dedos temblorosos por tu rostro impreso en el papel, con tu risa a punto de estallar y tus ojos llenos de vida.

Entonces te oí: «No estés triste, mami, estoy aquí». Después de eso, sentí cómo me acariciabas la cara; no era la tibieza de una mano viva, piel con piel, sino algo más sutil, más hondo, un aliento suave que se deslizó por mi mejilla con la dulzura de la nostalgia. Me quedé inmóvil con el álbum abierto sobre las piernas y el aire contenido en la garganta. Cerré los ojos y supe, con esa intuición que no obedece a la lógica, que eras tú. Tu amor atravesando el velo invisible que nos separa, tu esencia derramándose sobre mí, en un gesto tan tierno que el alma me dolió de alegría y de tristeza al mismo tiempo. Las lágrimas llegaron sin aviso, silenciosas y espesas, resbalando por la misma piel que tu tacto había rozado. No intenté detenerlas y me permití sentir ese momento donde la muerte es solo un velo delgado y el amor no conoce distancias ni finales.

Mi anhelo de una nueva maternidad seguía latiendo, una brasa tibia escondida bajo las cicatrices de la espera. Pero el cuerpo tiene sus propias leyes, implacables como el paso del tiempo. Al final, y después de todo, debí recurrir a la ciencia; los recursos de magia resultan inútiles en estos casos. Son como mensajes lanzados en una botella al mar con la ilusión de que sean encontrados en otra orilla y alguien venga a rescatarnos, pero hasta ahora no hay respuesta. Y a finales de febrero decidimos comenzar un tratamiento de fertilidad.

La clínica era un espacio moderno y sobrio, diseñado con la precisión de quienes entienden que la esperanza es un territorio frágil. No tenía la frialdad aséptica de los hospitales ni el bullicio de las salas de espera donde la gente lleva su angustia como un abrigo pesado.

Apenas crucé la puerta sentí como si alguien hubiera rociado el ambiente con el aroma de la esperanza. Tal vez era la luz tenue que caía en ángulos amables o el halo cálido que parecía desprenderse de la mujer de la recepción.

Nos recibió la doctora, una mujer con el porte de una madrina de cuentos, pero sin la varita mágica ni los vestidos de tul. Su magia era otra: el conocimiento preciso, la ternura contenida, la paciencia de quien ha aprendido que la vida no siempre sigue un guion predecible; estudiaba cada caso con la devoción de un orfebre. No prometía milagros, pero su voz tenía la firmeza de quien cree en los senderos ocultos del destino. Nos sentamos frente a ella con el alma en vilo, temerosos de escuchar una verdad que nos cerrara el camino. Tras exploraciones minuciosas, no encontró obstáculos serios que impidieran nuestro sueño. Y sus palabras medidas y sensatas tejieron a nuestro alrededor una red invisible de confianza que nos sostuvo.

Habíamos entrado allí con una mezcla de miedo y esperanza, y salimos con la sensación de que, esta vez, el destino podría estar de nuestro lado.

Y, mientras tanto, me vuelco en mis días, en mis quehaceres cotidianos que son mi refugio y mi ancla. Cocino con esmero como si cada guiso tuviera el poder de calmar mi impaciencia. Ordeno cajones, riego las plantas, escribo. Me aferro a la rutina como quien se aferra a un rosario contando las horas, llenando los espacios vacíos con pequeñas tareas que le den forma al tiempo.

El día señalado amanece con la calma engañosa de los momentos decisivos. Nos levantamos sin apuro y nos movemos con la concentración de los soldados antes de la batalla.

La clínica nos recibió con su calma habitual, sus pasillos impecables y el murmullo contenido de los trabajadores. Pero en mi pecho, el ritmo era otro: un latido rápido, irregular, como un tambor que marcaba el paso de una marcha hacia lo desconocido. No importaban los protocolos ni las estadísticas; en ese instante todo se reducía a un misterio diminuto y poderoso que, si el destino lo permitía, encontraría su lugar en mí.

Todo sucedió en unos pocos minutos. Varios movimientos precisos, una confirmación serena, y de pronto todo estaba hecho. No hubo fanfarrias ni señales grandiosas, solo la meticulosa coreografía de la ciencia y la esperanza entrelazadas. En la pantalla titilaba el misterio de la creación, la posibilidad suspendida en la luz. Allí estaba, diminuto y perfecto. Nada más quedaba por hacer, salvo esperar. Y en esa espera cabían todos los miedos y todos los sueños del mundo.

Cada día era un número tachado en el calendario. Un ejercicio de paciencia. En algún lugar invisible a nuestros ojos, la vida tomaba su decisión. En ese espacio pequeño y misterioso, más allá de nuestra voluntad y nuestros anhelos, algo ocurría en silencio: una célula se aferraba, una chispa se encendía... o no. Y mientras tanto, solo nos quedaba seguir contando los días, esperando el veredicto del destino.

El momento de la revelación llegó. Nos despertamos antes de que el sol tuviera siquiera la intención de asomarse. Estábamos listos para enfrentar la verdad, fuera cual fuera. El camino hacia la clínica fue el mismo de siempre, cargado de una tensión palpable. Allí, el ritual se repitió con la misma precisión de siempre. Unos cuantos gestos meticulosos, una aguja perforando la piel, un tubo llenándose de sangre. «Durante el día de hoy os llamaremos», nos dijeron. Minutos después salimos llevando en el pecho una espera que era casi un peso físico. Afuera, la ciudad seguía su curso con indiferencia mientras nosotros deseábamos que esa llamada sucediera pronto. Esa llamada que nos dijera que, después de haber hecho la travesía de Marco Polo, de haber cruzado mares de incertidumbre y desiertos de paciencia, todo había merecido la pena.

El teléfono sonó. Los dos nos quedamos inmóviles, con los dedos temblorosos y los corazones palpitando al unísono. Contuvimos el aire en el pecho. Y luego, del otro lado, una voz. Las palabras llegaron claras; en ese momento, el tiempo se congeló y el sol se detuvo, el mundo retuvo el aliento para celebrar el milagro de esa nueva vida.

¿Será la niña que vaticinó Nora? ¿Vendrá envuelta en los velos del olvido, con la memoria adormecida por el paso entre dos mundos? ¿O traerá consigo un resplandor antiguo, una señal secreta que solo nosotros sabremos leer? No lo sabemos aún. Por ahora, solo podemos velar el instante y amar sin preguntas. Pero hay algo en el temblor del aire, en el silencio expectante de la madrugada, que anuncia que no vendrá vacía.

11. De sobrevivir a revivir

Los primeros tiempos no veía claridad, propósitos ni caminos. Todo carecía de significado. Incluso el acto mismo de existir se volvió una pregunta sin respuesta.

El golpe seco de la pérdida me arrancó del mundo que conocía y me dejó detenida en el umbral de algo denso e informe, desnuda de certezas, contemplando cómo se abría ante mí una oscuridad vasta, que se mezclaba con la quietud temible de lo irreversible. No encontraba salida alguna, salvo la idea fascinante de abandonar el cuerpo.

La muerte, esa ladrona silenciosa, había irrumpido en mi casa llevándose a mi hija, mi brújula, mi ancla, dejándome con la certeza devastadora de que nada volvería a ser igual.

Vivía en estado de irrealidad y negación, como en uno de esos sueños absurdos y crueles en los que esperas despertar en cualquier momento, empapada en sudor, con el corazón agitado, y descubrir que todo ha sido una mala jugada del inconsciente. Pero no despertaba. Y la vida, lejos de estar intacta, se me había deshecho entre las manos.

Me movía entre las horas como un sonámbulo, con los sentidos exaltados por la fiebre del anhelo. Esperaba que, en cualquier momento, sonara el timbre y que, al abrir la puerta, Nora estuviera allí, que saliera corriendo y se lanzara a mis brazos con esa risa pícara tan suya, como si nada hubiese ocurrido. A veces, desde la ventana oía la voz de un niño, el hijo de algún vecino por la escalera, y, por un instante fugaz, el corazón se me detenía antes de desbocarse. Pensaba: «¡Es ella, ya está aquí!», como si el universo, en un gesto de misericordia tardía, hubiese decidido corregir su crueldad y me la devolviera.

Miraba el reloj con la obstinación de quien aún no ha olvidado esos eventos mezquinos del quehacer cotidiano. Los días se deslizaban lentos, envueltos en una espera estéril, una vigilia absurda sostenida por la ilusión necia de que lo imposible aún podía suceder.

Hervía de ira. Estaba enfadada con el mundo, con la vida, con Dios. Durante mucho tiempo, la palabra «Dios» me provocó un rechazo visceral; mi fe quedó desmigajada como galletas.

Me molestaba ver felices a otras personas, una nota disonante en la sinfonía de mi duelo. Sentía que todo estaba fuera de sintonía con mi realidad, como si su alegría fuera un eco lejano de una vida que ya no me parecía accesible. El mundo seguía girando con total indiferencia, mientras el mío se desmoronaba en pedazos diminutos que nadie parecía ver. Yo quería —con una urgencia irracional, casi infantil— que todo se detuviera. Que el cielo se oscureciera sin tormenta, que los relojes dejaran de marcar el tiempo, que las calles se vaciaran en señal de duelo. Quería que el universo entero hiciera una pausa, aunque fuera breve, para honrar y reconocer la magnitud de mi pérdida.

Cuando la ira y la rabia comenzaron a aflojar su nudo en mi pecho, dejaron paso a la tristeza y a un dolor tan hondo que las palabras que tengo no alcanzan a describirlo. Me quedé de rodillas ante preguntas imposibles. ¿Cómo se vive cuando el corazón está hecho pedazos? ¿Cómo encontrar sentido en un mundo que ha perdido su centro? Todo carecía de significado, al punto de hacer que me replanteara mi propia existencia.

Los primeros tiempos para Raúl fueron un descenso mudo a los infiernos. Se deslizaba entre las sombras de la casa como un fantasma desarraigado, con los ojos hundidos en la fatiga de quien no ha dormido en siglos. La muerte había abierto un tajo en su pecho, y por ahí se le escurrían el hambre, la voluntad y hasta el aire.

El dolor era un animal salvaje que le acechaba en cada rincón. A ratos, lo dominaba la desesperación, esa urgencia inútil de retroceder el tiempo, de encontrar algún resquicio en la historia donde las cosas hubieran podido ser distintas. Luego venía la angustia, que le apretaba el cuello como una soga invisible, hasta que la rabia lo hacía ponerse de pie de golpe y recitar todo su repertorio de palabrotas al techo, a Dios, al destino o a cualquier fuerza que hubiera decidido arrebatarle lo que más amaba.

El miedo era lo peor. Miedo a olvidar su voz, a que su olor se disipara de la ropa, a que el mundo siguiera girando sin ella. El miedo estaba en los espejos, que ya no reflejaban la vida que una vez conoció. En el eco de sus pasos solitarios, que parecían preguntarle sin cesar cómo era posible seguir respirando cuando ella ya no lo hacía. Cada noche se acostaba con los hombros vencidos a mi lado. Se tragaba su pequeña tregua y esperaba que el sueño lo atrapara antes de que los recuerdos lo devoraran. A veces funcionaba y caía en un sueño pesado. Otras, sentía que se giraba de un lado a otro o se quedaba inmóvil, con los ojos abiertos, vagando en otras latitudes. Y cada amanecer traía el terror de otro día más. Y luego, la ansiedad, ese torbellino de pensamientos que lo dejaban exhausto sin haber dado un solo paso.

No tenía ganas de nada. La vida seguía con su absurda normalidad, pero él ya no pertenecía a ella. Las palabras de aliento de los demás le parecían huecas, como si fueran dichas en algún idioma desconocido hasta entonces. Los días se deshacían en su mente como tinta en el agua, y lo único que quedaba era elegir una ausencia imposible de llenar.

Y, sin embargo, sin que lo notara, la vida insistió en colarse por las grietas. Un día, casi sin querer, se sorprendió mirando el amanecer sin sentir que el mundo era una burla. La herida seguía abierta, pero algo dentro de él empezaba a entender que el amor no muere con los cuerpos, que su hija seguiría habitándolo de alguna forma, en los gestos, en los recuerdos, en ese dolor que, con el tiempo, aprendería a nombrar como parte de su historia.

No recuerdo el momento exacto en que supe que debía moverme, aunque fuera a rastras. Tal vez fue un amanecer cualquiera, uno de esos en que la luz entra sin permiso y te encuentra aún viva, contra toda lógica. No fue una elección; fue más bien una obediencia ciega a algo que no sé nombrar, una fuerza invisible que, desde algún rincón del alma, me empujó a dar el primer paso antes de ser devorada por la pena. O quizás fue ese instinto terco que tenemos los vivos de seguir respirando, incluso cuando el alma se ha quedado atrás.

Me interné entonces en un recorrido áspero, un pasaje tejido de silencios espesos y recuerdos que dolían como espinas bajo la piel. Al principio no sabía qué me sostenía. Había algo, un hilo invisible, que me mantenía en pie, algo que no se dejaba definir pero, de alguna forma, me impedía desmoronarme por completo. Era como si, a pesar de no ver la salida, algo o alguien estuviera sosteniendo mi peso, guiándome sin que yo lo supiera. Pero nunca supe qué era. Solo lo sentía; una fuerza etérea que me mantenía en el flujo del tiempo, día tras día, aunque ni yo misma sabía hacia dónde me dirigía

Con el paso de los días —o tal vez fueron meses, porque en el dolor el tiempo pierde su forma—, ese lugar oscuro empezó a transformarse.

Ya no era solo un refugio ciego, sino un territorio incierto donde empecé a buscar algo que me ayudara a comprender, que me permitiera darle forma al dolor, como si así pudiera también domesticarlo. Quería entender, aunque fuera un poco, esa herida abierta que me atravesaba el pecho, y en esa comprensión tal vez encontrar una tregua. Porque no se trataba de sanar, aún no, sino de hacer soportable lo insoportable, de aprender a respirar en medio del caos.

Más adelante, casi sin darme cuenta, comenzó a asomarse una hebra de esperanza. Empecé a creer, con timidez primero, que tal vez al final de ese túnel habría una luz que me mostrara que es posible tener una vida donde su ausencia no me devorara por completo. Poco a poco comencé a notar pequeños brotes de esperanza en las cosas más insignificantes, pero que, juntas, empezaban a tejer una red invisible que me sostenía. No fue fácil, a veces confundía la intuición con el deseo, la calma con la resignación.

La transformación no llegó con estruendo ni revelaciones celestiales. Fue más bien un lento deshielo que me llevó a un lugar donde podía respirar de nuevo, donde los recuerdos empezaban a ser más dulces que amargos, donde podía coexistir la nostalgia con la alegría, la plenitud y el propósito, en un equilibrio frágil pero real, encontrando formas de convivir con el dolor y permitiendo que las cicatrices se convirtieran en un testimonio de amor.

En esta etapa aprendí, no con la razón sino con las entrañas, que la vida no es una foto en la que uno ordena las cosas para que quede bien, y luego fija la imagen para la posteridad. No. La vida es otra cosa: un territorio salvaje, impredecible, donde nada permanece igual por mucho tiempo. Es inútil intentar controlarlo todo; siempre habrá un temblor bajo los pies, una ráfaga capaz de trastocar incluso lo que dábamos por seguro. La vida no responde a nuestros juicios de justicia o injusticia, solo es, con su lógica misteriosa y sus giros.

La muerte de un ser querido no es una imposición, es un trazo tosco y torcido que corresponde a un destino dibujado antes de nacer en ese plan del alma, donde ninguna pincelada es inútil. Entendí desde el corazón que la muerte forma parte de la vida, que todos traemos un tiempo y un propósito, y cuando este se cumple, emprendemos el regreso. Aceptar no significa resignarse, sino comprender que la ausencia también es un capítulo de nuestra historia y abre un camino hacia una vida que, aunque transformada, puede volver a tener sentido.

Detrás de esa aceptación está el amor pegando esos pedazos rotos. Sé que aún quedan días de mirar atrás, agachar la cabeza y seguir llorando. Días en los que la nostalgia me invade, en los que no puedo ni quiero impedir que las lágrimas recorran mis mejillas. Me recuerdan que amé con la misma intensidad con la que ahora sufro. La pena no es más que otro rostro del amor. Me recuerdan su ausencia y me traen la memoria de esa casa del ayer, que nada se parece a la de hoy. Me recuerdan un tiempo de amor diferente; ahora es un amor a otro nivel, un amor que va más allá del cuerpo físico, un amor que continúa.

Un día, la ausencia dejó de ser un muro infranqueable y se volvió una membrana sutil por la que, a veces, cruzaba su esencia, como un perfume antiguo que flota en una habitación vacía. No era un consuelo, era algo más profundo, una certeza callada de que el vínculo entre nosotras no había sido quebrado, sino transformado. El amor que nos une a ella va más allá de la muerte; ya no está en el mundo visible, pero ella ahora vive en mí, en nosotros, de una manera distinta, en ese espacio íntimo y sagrado donde el amor nunca muere. Ese sentimiento de amor profundo va echando esas raíces invisibles que conectan con el alma de quienes amamos y ya partieron, formando un mapa secreto que llevamos en el pecho.

Su muerte hizo tambalear mi edificio de creencias y empezaron a emerger las dudas. ¿Y si todo lo que creo no existe? ¿Y si todo es una gran mentira? ¿Y si no hay nada tras la muerte y se esfuma sin más? Lo que no podía imaginar entonces era que su voz me alcanzaría desde el otro lado del velo para revelarme un plan del alma que yo nunca sospeché.

Todos los mensajes que recibí de ella cargaron mis alas de fe, una fuente de fortaleza que me llamaba a seguir, a reconstruir con manos temblorosas lo que la muerte destrozó. Hoy, mientras celebro tu memoria, te prometo que continuaré, que tus enseñanzas no caerán en el olvido. Porque en cada paso que doy, en cada lucha que emprendo, llevo tu esencia. Y aunque ya no estés aquí, sé que tu alma sigue danzando a mi lado, guiándome hacia el horizonte que, si bien es incierto, está lleno de esperanza.

Todo ese amor que siento por Nora, y que en el momento en que se fue no sabía a dónde ir, ha vuelto a encontrar su camino, como reza mi tatuaje: «De aquí a las estrellas».

Escribir este libro me ha supuesto un esfuerzo titánico a la vez que catártico. Comencé a escribirlo con el corazón pesado y la mente llena de los recuerdos más preciados que poseo. Recorrer de nuevo las etapas de este doloroso viaje, revivir palabra por palabra, instante por instante, para dejarlos atrapados en el papel, me arrancó muchas lágrimas, y, al mismo tiempo, me ha permitido sumergirme en la tibieza del amor más puro que he conocido. En muchos momentos me abandonaron las fuerzas y las musas de la inspiración tomaron otro rumbo. Pero he llegado al final limpia, desnuda, sin escudos. En esa vulnerabilidad descubrí mi verdadera fuerza, la que nace del alma rota y se reconstruye con hilos de amor, memoria y coraje. Porque toda caída guarda en su fondo una semilla de renacimiento, y ahora, con los pies firmes en la tierra y el corazón en alto, estoy lista para comenzar de nuevo más sabia, más libre, más yo.

No temo al futuro. Me sostienen la memoria y la intuición, me empuja la vida misma, esta vida salvaje y hermosa que, pese a todo, insiste. Y cuando el dolor, al fin, se aquieta, lo que queda no es una promesa ni una certeza, sino una quietud nueva, un espacio desde donde empezar a vivir distinto. Y con eso, por ahora, me basta.

Y con una frase de Emily Dickinson, pongo fin a esta parcela de nuestra historia:

«Nunca sabemos cuán grandes somos hasta que se nos pide ponernos de pie y, luego, si somos fieles a nuestro plan, nuestra talla tocará el cielo».

12. Cuento para ti

NINA EN EL PAÍS DE LAS HADAS

En un pequeño pueblo de mar vivía una niña llamada Nina. Era una niña alegre y llena de energía que amaba cantar y bailar todo el día. También le encantaba la brisa del mar y mojarse los pies con las olas, pero lo que más le gustaba eran las historias de hadas y unicornios que le contaban sus papás cuando se iba a dormir. Soñaba con conocer uno algún día.

Una tarde, mientras el sol se ponía, Nina sintió algo extraño; no tenía fuerzas para correr y bailar como siempre. Sus padres, preocupados, la llevaron a ver a una doctora que le dio medicinas, y en casa la cuidaron con todo el amor del mundo. Los días pasaron y Nina no se levantaba. Una mañana, cuando los rayos del sol comenzaban a salir por el horizonte y el cielo se teñía de tonos dorados, apareció un arcoíris sobre el mar. Era el arcoíris más brillante que Nina había visto jamás. Mientras lo miraba desde su habitación, una suave brisa entró por la ventana y notó algo sorprendente: se sintió ligera como una pluma. Ya no estaba en su pequeña cama, sino en una nube suave y esponjosa, rodeada de una luz cálida y brillante. Miró a su alrededor y lo primero que vio fue un unicornio. Su pelaje era blanco como la nieve y su crin brillaba con todos los colores del arcoíris.

—¡Hola, Nina! —dijo el unicornio, con una voz suave y melodiosa—. ¡Te he estado esperando!

Nina no podía creerlo. ¡Era un unicornio de verdad! Y no solo eso, cuando miró sus propias manos, se dio cuenta de que algo había cambiado: tenía una varita mágica y llevaba un vestido brillante hecho de polvo de estrellas, que centelleaba como la luz de mil galaxias y unas diminutas alas se desplegaban en su espalda.

¡Se había convertido en un hada!

—¿Estoy soñando? —preguntó Nina con los ojos llenos de asombro.

El unicornio sonrió.

—¡No es un sueño, Nina! Has sido elegida para venir al Reino de las Hadas. Aquí podrás volar y jugar con nosotros. Y usar tu magia para hacer sonreír a las personas que amas.

Y así, Nina, la niña que amaba cantar y bailar, comenzó su nueva vida como hada. Desde las nubes podía ver a su papá y a su mamá cada día, tristes, llorando su ausencia, extrañando su risa y sus canciones, sin comprender lo que había sucedido. Nina los observaba desde lo alto, quería decirles que estaba bien, que ahora vivía en un mundo de magia y felicidad. Si bien las cosas habían cambiado, siempre estarían conectados. Aunque sabía que no podían verla, voló hacia ellos y les susurró al oído:

—¡No estéis tristes! —les dijo con su voz melodiosa—. ¡Aunque no podáis verme, siempre estaré con vosotros!

Cada vez que el sol brillaba después de una lluvia, Nina se sentaba en una nube esponjosa, tocaba su varita mágica y hacía que un hermoso arcoíris cruzara el cielo. Otras veces, con un suave aleteo, bajaba hasta su lado y les dejaba un rastro de mariposas danzando en círculos a su alrededor. Su mamá y su papá sonreían, sabían que su pequeña estaba cerca, cuidándolos y enviándoles amor.

El Reino de las hadas se convirtió en su hogar. Allí, Nina jugaba con los unicornios, bailaba con otras hadas y cantaba sus canciones favoritas.

Y así, cada vez que veas un arcoíris en el cielo, recuerda a Nina, el hada que sigue cantando y bailando, cuidando desde las nubes a todos con su alegría y su luz.